유정아의
서울대
말하기 강의

유정아의
서울대
말하기 강의

유정아 지음

편안하고
품격 있는
말하기의
모든 것

SPEECH
COMMUNICATION
DEBAT
LISTEN
INTE
VIEW

PRESENTATION ATTITUDE

문학동네

차례

1부 '잘' 말하기 위한 마음가짐과 몸가짐

1장 │ 좋은 소통을 위한 마음가짐

2장 | 말은 몸으로 하는 것이다

5장 | 말하기 맞춤 강의 3
토론

6장 | 말하기 맞춤 강의 4
인터뷰

초판이 나온 지 15년 만에 개정판을 내게 되었다. 중고책방에서도 책을 구하지 못해 원하는 이들이 읽지 못한다는 이야기를 접하고 이제는 새로 다듬어야 한다는 생각이 들었다. 서울대에서의 〈말하기〉 수업은 2013년 1학기까지 딱 10년을 맡고 그만두었다. 학생들의 나이가 나보다는 우리 아이들과 가까워지면서, 더이상 젊은 선생이 아닌 내 강의 내용이 잔소리로 여겨질 것이 꺼려져서였다. 그 10년 중 한중간인 2009년에 냈던 『유정아의 서울대 말하기 강의』가 말하기에 대한 정보적 글쓰기였다면, 2012년에 냈던 『당신의 말이 당신을 말한다』는 말하기에 대한 설득적 글쓰기였다고 할 수 있다. 전자가 강의 내용을 정보적으로 충실히 전달하고자 한 것이라면, 후자는 말에 대한 나의 생각을 에세이에 실어 읽는 이의 마음과 태도에 간곡하게 다가가려 한 시도이다.

2009년 이 책을 발간한 이후 수없이 많은 특강을 다녔다. 정부 부처, 기업, 대학, 전국 각지의 교육청, 도서관 등 다양한 분야에서 강연 요청이 있었고, 시간이 허락하는 한 응했다. 한 학기 15주 분량의 수업을 한두 시간에 녹여낸 특강이라 할지라도, 소통능력을 구성하는 요소 등 말하기를 둘러싼 본질적인 이야기들이 보다 많은 이들의 가슴에 가닿을 수 있다면 우리 사회의 소통의 양태가 조금이나마 나아질 수 있으리라 생각했기 때문이다.

서울대에서의 20학기 1200여 명의 제자들, 특강과 책을 통해 만난 이들과는 말이란 기본적으로 관계 맺음이요, 듣기가 포함된 소통의 전 과정이요, 상대에게 잘 보이거나 상대를 공격하고 세상을 주무르기 위한 도구가 아닌, 진정한 나와의 소통이 전제되어야 하는 인간의 기본조건이라는 인식을 공유했다고 생각한다. 그럼에도 불구하고 오늘날 우리 사회의 소통의 모습은 그러한 방향으로 가는 것 같지가 않다. 상대를 편안하게 미주하기보나는 부러움이나 선망의 대상, 혹은 반대로 흠잡고 파헤칠 대상으로 대하는 말하기가 주를 이룬다고나 할까. 이러한 세태는 두 가지 요인에 기인한다고 여겨진다. 길지 않은 10여 년 사이 소통의 주요한 수단으로 단단히 자리잡은 SNS와 예나 지금이나 별로 아름다운 장면을 연출하는 경우가 드문 정치가 바로 그것이다. 물론 이 직접적인 이유들을 뒷받침하는 당대의 커다란 정신적 조류가 있으리라.

SNS 덕에 요즘의 젊은이들은 말로 하던 모든 것을 문자로 하게 되면서 전화통화도, 대면한 상황에서 의견을 개진하는 것도 점점 어렵다고들 한다. 게다가 SNS상에 보이는 타인의 사생활은 죄다 부러운 것들 투성이며, 나의 존재감은 팔로워 수라든가 조회 수 등으로 집계되어 진정한 나와의 괴리감이 커진다.

한편 다방면의 미디어를 통해 더욱더 노출이 손쉬워진 정치의 세계를 보자면, 한 정치학자는 자신들만 옳다는 주장을 반복하는 팬덤 민주주의가 지배적 경향이 된 오늘날 한국사회에서는 리더십마저 "야유하는 언어"가 지배하고 있다고 일갈했다.[*] 이 학자가 예로 든 인물들을 여기서 직접 언급하지 않더라도, 이죽거리고 비아냥대고 한마디도 지지 않고 유치한 말로 받아치곤 그걸 또 잘했다고 의기양양하는 '가벼움의 극치'인 인물들을 쉽게 떠올릴 수 있을 것이다. 최고로 좋은 대학과 인기 있는 학부를 나오면 뭐 할 것이며, 민생이든 개혁이든 이런 '야유의 언어'로 도달할 수 있으랴. 이러한 말들이 난무하는 세상을 보인다는 것, 말이란 이런 거로구나 느끼게 하는 것, 그것이 작금의 정치가 젊은 세대에게 남기는 가장 치명적인 것이라고 여긴다. 손가락 몇 번 놀려서 이죽댈 수 있는 수단을 갖게 된 것이 또 이에 영향을 주었음은 물론

---

[*] 2024년 5월 2일자 〈한겨레〉 박상훈 인터뷰

이다.

나는 지난 15년간 오래도록 해오던 방송이나 음악회 진행, 말하기를 가르치는 일 외에 연극 두 편과 영화에 배우로 참여하고, 시민학교에서 시민 대상 커리큘럼을 짰으며, 대통령캠프의 대변인으로서 후보의 스피치를 돕는 일과 IPTV방송협회에서 정부와 업계의 이해를 조율하는 일 등을 했다. 다 말이 필요한, 말을 들여다보는 일이었다. 다양한 일들과 말들이었으나 본질은 다르지 않았다.

이 개정판은 이제 막 사회에서 말하고자 하지만 말이 쉽지 않은 젊은이들에게 지금 이 시대의 '말 아닌 말들'에 휩쓸리지 말고, 그것을 넘어 기본으로 돌아가 우리의 진정한 소통을 돌아보자는 이야기를 건네기 위해 썼다. 변해야 할 것들은 변하지만 변하지 않을 것들은 변치 않는다는 믿음으로, 상대를 위무하고 수긍하고 공감하고 나를 인식하고 수용하고 성찰하는 말의 본질을 뼈대로 책을 다듬었다. 더불어 인간의 본성인 말하기가 쉽지 않다고 생각하는 독자에게 필자 또한 그것이 쉽지 않으나 가르치기 위해 공부한 내용을 새기며 다만 노력하는 중에 있다고 털어놓는다.

2024년 6월
유정아

말에 대한 성찰, 말하기를 바라보기

온통 소통에 대한 이야기들이다. 소통에 대해 이야기할 시간에 진짜 통하기 위해 뭔가를 하면 좋으련만. 소통의 방식은 시대에 따라 계속 변해가기 마련인데, 자꾸 그걸 막고 예전대로 하려 고집하는 대신 소통의 본질을 생각해보고 지금 우리 시대에 가장 적합하게 진화한 소통의 방법을 찾아보면 좋으련만. 아무튼 소통에 대해 많이들 이야기한다는 건 소통이 쉽진 않다는 방증이다.

서울대학교에 〈말하기〉 강의가 개설된 건 2004학년도 2학기였다. 기초교육 강화라는 목표 아래 〈글쓰기〉와 함께 학생들의 소통능력을 향상시키기 위한 강좌의 하나로 개설되었고, 필자가 커리큘럼을 짜고 첫 강의를 맡게 되었다. '글쓰기'라는 강좌명에 대해서는 아무 이견이 없었으나 '말하기'라는 명칭에 대해서는 몇

년이 지나도록 바꾸는 게 낫지 않느냐는 말을 듣는다. 말하기의 의미를 좁게 해석하고 그 중요성을 간과한 탓이다. 말은 그 역할에 비해 폄하되어왔다.

말하기는 '말은 잘하기' '말만 잘하기'가 아니다. 제대로 말한다는 것은 소통의 전 과정이 원활하다는 것을 뜻한다. 말하기란 타인의 말을 제대로 듣기부터 시작하여 생각하기, 글쓰기, 말하기, 또다시 듣기 등 커뮤니케이션의 전 과정을 포함한 개념이다. 제대로 듣지 않는 자는 제대로 말할 수 없고, 말 이전과 이후에, 또 동시에 생각이 따르지 않는 말은 제대로 된 말이 되기 어렵다. 글쓰기 자체도 말이 없었다면 애초에 불가능했을 것이다. 즉 말하기에는 사고와 성찰의 단계가 수반되어야 하는 것이다. 이러한 말하기는 개인 차원에서는 내 안의 것들을 세상에 내놓는 기본이 되며, 사회 차원에서는 다양한 분야의 내용이 사회로 모이도록 하는 수단이 된다.

일면 생각하면 말은 한 사람의 거의 전부라고도 할 수 있다. 그 사람이 어떤 사람인지 타인이 알 수 있는 방법은 그 사람이 하는 말을 통하는 수밖에 없다(그 사람이 무슨 말을 하느냐에 따라 그를 판단하게 되기 때문이다. 물론 그 말들이 어느 정도 진실에 닿아 있는지, 그 말을 실천하고 사는 사람인지는 시간이 조금만 흐르면 알 수 있다). 내면에 아무리 따뜻한 강이 흐르는 사람이더라도 말이 바늘처럼 늘 사람을 찌르면 그는 따뜻한 사람인가, 뾰족한 사람인가. 아무리 아는 것이 많은 사람이라 하더라도 그것을 언어에 담아내려는 노력이 없다면 어떤 방식으로 그는 이 사회에 기여할 수 있겠는가. 세상 모든 것에 섬세하게 반응하는 마음의 더듬이를 가지고 있다 한들 그 느낌을 고스란히 전달할 수 있는 언어를 찾지 못한다면 그 더듬이가 무슨 소용이 있겠는가.

강좌명과 학문 가치에 대한 판단은 차치하고 학생들은 지난 5년, 10학기 내내 정말 무서운 기세로 수강 신청을 해왔다. 실습 없이 이론에만 치중한 말하기 수업은 별 의미가 없기에 학생들의 실습과 평가가 수업의 주종을 이루어, 학생 수는 제한할 수밖에 없었다. 수강 신청은 매번 10초 만에 마감되곤 했고, 제대로 된 말하기를 배우고자 하는 학생들의 욕구가 어느 정도인지 실감할 수 있었다(이제는 학생들의 요구에 부응해 여러 선생님들과 한 학기에 10개 강좌를 개설하고 있다). 한 학기에 강좌당 30명씩 두 강좌를 진행했으니, 그동안 수백 명의 제자들이 수업과 실습에 전념하여 학기말에는 다들 자신에게 가장 잘 맞는 말하기 방법을 깨치고 떠났다. 애초 학생들은 다양한 목적을 가지고 수강 신청을 했지만 내가 이 수업을 통해 한 학기 동안 줄곧 학생들과 함께하고 싶었던 건 바로 말에 대한 성찰, '말하기를 바라보기'였다.

말에 대해 배우는 것은 자신의 바깥에 있는 것을 집어넣는 일이 아니라 자신의 안에 있는 것을 밖으로 꺼내는 작업이다. 내가 무엇을 말하고 싶은지, 말을 가로막는 것은 무엇인지, 말은 어떤 소리와 언어에 실어 내보내야 하는지, 타인의 말을 제대로 듣고 있는지, 말이 앞서고 있지는 않은지를 바라보며 자신에게 가장 적합한 말하기 방식을 갖추는 것이다. 말하기를 바라보다보면, 내가 말을 못하는 게 아니라 말할 내용을 갖추지 못했거나 세상과 소통하고 싶어하지 않는 사람이었음을 깨닫기도 한다.

영어로 교육을 의미하는 'educate'의 라틴어원 'educare'는 '끄집어내다'라는 뜻을 포함한다고 한다. 즉 교육이란 그 대상으로 하여금 세상을 배우기 위해 자신 안에 있는 자질을 스스로 꺼낼 수 있게 해주는 것이다. 말하기 선생인 나의 역할은 학생들이 자신 안에 있는 자신만의 탁월한 소통의 방법을 꺼내도록 도와주는 것이다.

말하기 교육의 1단계는 좋은 소통자가 되기 위한 기본을 생각해보는 것이다. 사람의 의사소통능력을 구성하는 요소에는 어떤 것들이 있는지 살피다보면 그중에 내가 소통과는 전혀 상관없다고 여겼던 요소들이 들어 있을 수 있다. 또한 소통의 과정에서 간과하기 쉬운 자신과의 건강한 소통 방법을 터득하고, 자신이 가진 말하기 불안 증상을 분석해보며, 타인의 말을 경청하는 자세를 익히는 것이 이 1단계이다.

2단계에서는 바른 발성과 기본적인 언어 훈련을 받는다. 말의 내용이 음식이라면 소리와 언어는 그 음식을 담는 그릇이다. 맛있는 음식도 제대로 된 그릇에 담기지 못하면 먹지 못하거나 맛이 없게 느껴진다. 2단계는 그 말의 그릇을 제대로 굽고 닦는 단계이다.

다음 3단계는 분야별 말하기의 방법을 익히는 단계이다. 분야별 말하기에서는 자기소개 스피치, 정보 스피치, 설득 스피치, 대화, 인터뷰, 토론, 토의, 내레이션 등을 실습한다.

학기 중 열댓 번의 수업을 통한 과제 수행과 실습이 매번 날다가 얼레에 감겨 돌아오는 연과 같은 것이었다면, 학기를 마친 학생들에게 나는 이제 그 연의 줄을 끊으라고 이야기한다. 연의 본분은 얼레에 감겨 집에 돌아오는 데 있지 않고 하늘을 나는 데 있으니, 얼레였던 말하기 수업을 떠나 이제 훨훨 날아보라고.

혹 말하는 데 어려움을 느껴서 이 책을 펼쳐든 분이 계시다면 이 한 권의 책을 통해 자신의 말하기를 깊이 들여다보고 그 독서를 얼레 삼아 나는 방법을 배우고, 그다음엔 줄을 끊고 세상 속으로 훨훨 날아오르시길 바란다.

강의 준비와 경험으로 오히려 나 자신을 돌아볼 수 있는 기회를 주신 서울대학교에 감사한다. 빛나는 눈으로 수업에 임해준 제자들이 없었다면 나는 힘을 낼 수 없었을 것이다. 딱딱한 강의록에 가까운 글을 꼭 필요한 책이라 반겨준 문학동네 덕분에 이 책이 세상에 나오게 되었다.

2009년 6월
유정아

SPEECH

DE
LIST

INT
VII

PRESENTATION ATTITUDE WORK KEY VOICE COMMUNICATION

1부

'잘' 말하기 위한
마음가짐과 몸가짐

1장

좋은 소통을 위한 마음가짐

말, 어떤 마음으로 해야 할까?

중국 출신 과학소설의 대가 류츠신의 원작소설에 기반한 넷플릭스 시리즈 〈삼체〉(2024)에는 인간세상을 믿고 지구를 선한 쪽으로 변화시키는 것을 도우려던 먼 행성의 '그분들'이 인간이라는 존재가 속마음과는 다른 말, 그러니까 거짓말을 할 수 있는 존재라는 것을 알고는 지구인을 향한 믿음과 선의를 거두는 장면이 나온다. 나는 '그분들'의 일원은 아니지만 언젠가 진심만이 어려움 없이 자연스럽게 오가는 소통을 꿈꾸는, 그 외계인들과 흡사한 존재이다. 이 시리즈물을 열 시간 넘게 이어서 시청하면서, 두 시간여의 영화가 볼거리의 거의 다였던 시절 나왔던 영화, 내가 말하기 강의 책의 첫 장면으로 선택해 인용했던 그 영화를 떠올리지 않을 수 없었다.

스티븐 스필버그의 〈에이 아이A.I.〉(2001)는 생각해볼 것이 많은 영화였다. 그 가운데서도 내가 주목했던 부분은 영화의 말미, 먼 미래의 생물체가 A.I. 소년을 발견하고 그 아이와 소통하는 장면이었다. 그 생물체는 진화의 진화를 거듭한 초행성적 존재로 콩나물 대가리처럼 멋없게 생겼지만 소통의 방법만큼은 정말 멋졌다. 다른 존재의 뇌파와 직접 연결되어 그 존재가 말하고 싶은 바를 이내 감지하고, 그의 필요와 욕구를 들어주는 것이었다. A.I. 소년의 기억 속에 있는 어머니와의 따뜻한 시간에 대한 그리움을 읽어내곤 그리움을 해소하기 위한 자신의 해결책을 뇌파로 건네주는, 진실한 마음과 마음이 오가는 교류였다. 오늘날 소통의 보편 수단인 말이 미래의 어느 시점, 공기 중에 산산이 흩어져 수단이라는 방편을 벗고 소통이라는 본질만 오롯이 남기고 스러져간 것이었다.

모든 사회 구성원이 영화 속 미래의 존재들처럼 말이 필요 없는 사이, 소위 '통하는' 관계가 된다고 생각해보라. 말싸움 구경, 말도 안 되는 얘기를 듣는 재미는 없겠지만, 설화舌禍와 실수 없이 모두가 완벽하게(이 정도이면 '완벽에 가깝게'도 아닌 '완벽하게'라는 말이 과장이 아니게 될 것이다) 소통하는 세상이 되는 것이다. 상대와 만나기 전 어떤 말을 해야 할까 고민할 필요도 없고, 목소리의 억눌림도, 말하기 불안도 더이상 걱정이 아니며, 다만 고요히 나와 타인의 진심에 귀기울이며 사는 세상. 상대의 진심에 상처받는 경우는 간혹 있더라도 곧 그 사람의 마음에 감정이입하여 그 사람이 되어보며 이해에 다다른다. 그러니 상대를 등쳐먹는 거간꾼과 세상을 조롱하는 투기꾼은 있을 수 없고, 오해와 불화란 단어는 아예 없어지겠지. 그 이상 없을 그야말로 멋진 소통이 아닌가.

말이란 이처럼 서로의 진심이 말갛게 오가는 상황을 이상적 지점으로 상정하고 편안하게 임하는 것이라고 여긴다. 말 다르고 속 다르게 나를 포장하거나 감추는 것이 아니라, 될 수 있는 한 나답게 나에 걸맞은 말을 꺼내는 것이다.

표현—변화—창조, 말의 당연한 목적

말은 수단이며 사람 사이의 소통을 돕는다는 목적을 위해 기능한다. 그러므로 말하기는 마치 '쓰기와 읽기'처럼 듣기와 함께 한 세트가 되어야 제대로 말한다고 할 수 있다. 문제는 ①내가 처한 상황, 마음상태와 내가 하는 말 사이의 괴리, ②상대가 처한 상황, 마음상태와 그가 택한 언어 사이의 괴리, ③나의 언어와 상대의 언어 사이의 간극에서 비롯된다. 여기에서 어려움이 발생하고 오해가 생기며 그것이 쌓이다보면 말하기에 대한 불안이 스멀스멀 피어나고, '난 말을 잘 못해' 혹은 '말은 말일 뿐이야' '말은 할수록 손해야' 등의 생각에 이를 수 있다.

나 또한 말하기를 직업으로 삼기 전, 아니 더 정확히는 말하기를 가르치기 위해 공부하고 강의안을 만들고 본격적으로 말에 대해 생각해보기 전까지 그다지 말을 좋아하는 사람이 아니었다. 어린 시절부터 입이 쉽게 열리지 않았으며 조잘조잘 명랑하게 떠드는 아이들을 좋아하지 않았다. 여럿과 함께하고 나면 그만큼의 혼자 있는 시간이 있어야 평상으로 돌아오고, 말을 하려 하면 떨려서 삼키는 말이 더 많았으며, 사람이 꼭 말로 자신을 표현해야 하는지에 의문을 품던 아이였다.

돌이켜보면 말이라는 것의 산만함과 정교하기 힘듦, 두서없음과 바뀔 수 있음 등이 말을 좋아하지 않는 근거가 되었던 듯하다. 말은 수단이거나 매개일 뿐 진정한 현실 그 자체가 될 수 없다고 단정하고는 말에 대한 주의와 노력을 기울이지 않았던 것이다.

말보다 글을 좋아했던 시절에는 일기를 포함해 이런저런 글을 쓰곤 했다. 세상에 대한 감정이나 타인에 대한 느낌, 앎의 흔적들을 글로 옮기기 위해 책상에 앉기 전까지 세상과 타인은 그저 뿌옇게 안개 너머 있는 듯했다. 내가 무어라 표현하기 전의 세상과 타인은, 심지어 나의 감정과 바람조차도 공중목욕탕의 거울처럼 뿌열 뿐이었다. 그러다가 그 상황과 대상에 대해 무어라 쓰고 나면, 그것은 나에게 하나의 의미가 되곤 하였다. 내게 글쓰기란 수증기로 뿌옇게 된 거울을 손으로 닦아 말갛게 하는 작업이었다. 당시 일기는 친구들과의 수다 대신이었고 타인의 피드백을 받을 수 없는 독백이었지만, 대화 대신 풀어낸 나의 이야기였다. 그러나 내가 쓴 글도 입 밖으로, 말로 생각을 내놓지 않으면 자신의 생각이 무엇인지 여전히 확실히 가늠하지 못하는 경우가 허다하다. 내가 아는 것을 글로 쓰지 못한다면 진정으로 알았다 할 수 없고, 글로 쓴 것을 쉽게 말할 수 없으면 그 또한 진정으로 안다고 할 수 없다는 게 지금의 내 생각이다.

말이란 대개 다음과 같은 목적을 갖는다.

세상과 관계에 대한 자신의 감정을 표현하고expression,

상대가 나를 인정함으로써 '나는 누구인가'라는 질문에 답할 수 있게 하고confirmation,

때로는 서로가 영향을 주고받으며influence 변화하기도change 하고,

공통의 목표를 가지고 일을 수행하기work 위해, 창조creation를 위해 소통하는 것이다.

자기점검과 해방, 말의 예상 밖 역할

이외에 흔히 사람들이 간과하는 또하나의 중요한 역할이 있는데, 바로 말하기를 통한 자기점검이다. 이것은 말을 주고받다가 자연스럽게 얻어지는 경험이다. 내가 '어떠하다'라고 말하는 순간, '내

가 진정 그러한가?'라는 자기점검이 시작되는 것이다. 물론 "널 사랑해"라는 말을 뱉고 나서 '내가 과연 그를 사랑하는가'라는 점검이 시작되어서는 안 되고, 그 점검이 어느 정도 완료된 후에 마음이 벅차오르면서 그 말을 하게 되는 것이 보통이다. 하지만 때론 내가 한 그 말이 내게 올가미가 되는지 디딤돌이 되는지 판단해봄으로써 내가 말하는 '사랑'이 정말 마음에서 우러나온 것인지 가늠해볼 수 있다. 말은 그래서 경우에 따라 감정을 증폭시키기도, 중단시키기도 한다.

이와 비슷한 말의 역할이 또하나 있다. "난 물이 정말 무서워"라고 말하고 나서, 과연 물이란 게 내가 무서워할 만한 것인지 자문하며 자신이 고백하고 발설한 막연한 두려움에서 해방되는 것이다. 심지어 그는 수영 선수로 변신할 수도 있다. 때론 자신의 말에 발목을 잡히기도 한다. "저의 말하기 불안 증상은 얼굴이 붉어지고 손이 떨리며 눈맞춤을 못하는 것입니다"라고 이야기하고는 불안에서 벗어나지 못하는 경우가 그렇다. 명확하지 않았던 무언가를 정확히 개념 정의하고 나서 오히려 덫에 걸리는 경우이다.

결국 말이란 타인에게 나의 마음을 전하고 타인에게 인정받고 함께 일을 도모하거나 놀고 자신을 점검하고, 그래서 자신에게서 해방되는 소통의 수단이다. 영화에서처럼 말이 우주선의 외피처럼 떨어져나가고 '띠융 띠융' 뇌파를 쏘는 것만으로 소통할 수 있는 세상이 올지는 알 수 없으나, 언제 올지 모를 궁극의 그날을 기다리며 우리는 끊임없이 말을 주고받고 간곡히 나를 전달하고 오해의 폭을 좁히고 현실을 보정하고 진리를 탐구해나가야 한다.

내가 만약 말하기를 직업으로 삼지 않거나 말에 대해 가르치지 않아 말과 거리가 먼 사람이었다면, 세상은 내게 이만큼 뚜렷하게 다가오지 않았을 것이며 타인들과 즐겁게 지내는 기쁨을 알지 못했을 것이다. 나만의 세계에 빠져 세상과 만나지 못했을지도 모른다. 직업을 통해서라도 내가 말문을 트고, 홀로 해낼 수 있는 것보다 더불어 할 수 있는 일이 이 세상엔 더 많다는 것을 배우고, 내 부족한 점이 무엇인지도 깨달아 참 다행이란 생각을 한다.

자문해보자. 나는 세상과 타인에게 말을 걸고 싶은가. 그러한 마음과 정성이 부족해 소통에 어려움을 겪는 것은 아닌가. '나는 말을 참 못하는 사람이야'라고 생각하는가? 한번 입 밖으로 발설해보시기 바란다. 그때부터 그 말의 사실 여부라든가 이유, 나 나름의 변명 등 그 말에 대한 점검과 여러 문제의식이 생겨나기 시작할 것이다. 이 책은 그 점검과 문제의식의 해결을 돕기 위해 쓰였다.

KEY 말이란?

타인에게 나의 마음을 전하고 인정받고 함께 일을 도모하는 수단이다. 또한 자신을 점검함으로써 자신에게서 해방되는 소통의 수단이다.

자기개념—자기공개—자기인식,
나와의 소통이 우선인 이유

3월, 또다시 새 학기가 시작되었다. 포도의 작황에 따라 해마다 다른 맛을 내는 포도주처럼, 학생들은 지난 학기, 지지난 학기와는 또다른 구성으로 독특한 분위기를 내뿜는다. 나는 그들보다 조금 오래 살았다거나 말하는 직업을 가졌다거나 '말하기 선생님'이라고 해서 그들에게 내가 말하는 방식을 강요할 생각은 추호도 없다. 말하기에 어떤 표준의 틀이 있는 것이 아니기 때문이다.

사람들마다 삶의 궤적이 다르듯 말하는 방식도 모두 다르다. 내가 그들을 위해 해줄 수 있는 건, 자기 안의 앎과 생각과 느낌을 자신에게 가장 잘 어울리는 방식으로 말할 수 있게 도와주는 것이다. 우리는 모두 하나하나 다 다른 나무들이다. 이 나무더러 저 나무처럼 말하라고 하는 게 아니라, 자신의 뿌리와 줄기를 살리는 방법을 일러주고 가끔 가지를 쳐주는 게 말하기 선생의 역할이다. 우리 나무들은 각자 그 안에 자신만의 탁월함을 가지고 있다.

수업은 자아self를 생각해보는 것에서 시작한다. 소통이라고 하면 타인과의 소통만을 생각하기 쉬운데, 모든 소통은 자신과의 소통intrapersonal communication과 동시에 또는 그 이후에 이루어진다. 흔히 소통은 타인과 하는 것이라고만 생각하기 쉽지만 그 과정을 면밀히 들여다보면 끊임없이 스스로와 소통하고 있는 자신을 발견할 수 있다. 자기개념이나 자기공개, 자기인식이 소통하는 과정에 어떤 역할을 미치는지, 이러한 인식이 어떻게 소통에 도움을 줄 수 있는지 함께 생각해보자.

'나는 어떤 사람인가'라는 의문 혹은 질문

우리는 모두 다른 자기개념self-concept을 가지고 살아간다. 자기개념이란 '나는 어떤 사람'이라는 자기인식을 말한다. 이 자기개념은 다양한 경로로 형성된다.

첫째, 의미 있는 타자significant other들의 시선에 따라 자기개념을 형성하는 경우다. 존경하는 선배나 부모님, 선생님 등 소위 멘토라고 할 만한 이의 칭찬이나 비난을 듣고 '난 그런 사람이구나'라는 정체성을 갖게 되는 것이다. 이렇게 형성된 자아를 '거울 속에 비친 자아looking-glass self'라고 한다.

둘째, 자신과 비슷한 능력이나 수준의 사람과 끊임없이 비교하는 행위social comparison process 역시 자기개념 형성에 영향을 미친다. 예를 들면, 나는 언제나 열심히 노력하는데 할 것 다 하면서 적당히 공부하는 친구와 비슷한 성적을 받는 일이 반복된다면, '아, 나는 남들보다 더 많이 노력해야 목표에 이를 수 있는 사람이구나' 라는 생각을 갖게 된다.

셋째, 사회의 잣대나 고유문화가 영향을 미치는 경우cultural teachings이다. 즉 자신이 속한 사회가 긍정적이라 평가하는 성향을 가진 사람은 긍정적인 자기개념을, 부정적이라 평가하는 성향을 가진 사람은 부정적이고 소극적인 자기개념을 갖게 되는 것이다. 아주 적극적인 여성이 서구 사회에서는 자신의 적극성을 자랑스럽게 여기며 자신감 넘치게 살아가지만, 가부장제의 영향이 강한 아시아권 국가에서라면 그러한 성향을 짐스러워하며 자신을 억누르고 살게 되기도 한다.

자기개념의 형성 기제

- **거울 속에 비친 자아looking-glass self**: 나의 의미 있는 타자들이 보는 이미지로 자기개념 형성.
- **사회적 비교 과정social comparison process**: 자신과 비슷한 능력이

나 수준의 사람과 비교를 통해 형성.

- **문화적 인식**cultural teachings: 자신이 속해 있는 문화가 성공이
  나 실패라 여기는 것으로 형성.

이와 같은 기제를 통해 갖게 된 자기개념, 자기인식은 대개 평
가적이다. 자신이 부족한 부분과 약점, 한계 등으로 자신을 인식
하는 경우가 많은 것이다. 자신을 긍정적으로 평가하는 사람일수
록 자존감이 높으며, 그에 따라 타인과 소통하는 태도도 다르다.

얼굴 화장을 하는 것으로 비교해볼 수 있다. 화장을 할 때 자기
얼굴의 단점을 감추고 장점을 살리기 마련인데, 남들과 달라 보
이는 부분은 평범하게 보이려 애쓰고, 부족한 부분은 보완해서
더 나아 보이려는 것이다. 자신의 얼굴에서 부족한 부분이 많다
고 생각할수록 화장은 짙어진다. 타인과 소통을 할 때도 일종의
'심리적 화장psychological make-up'이라는 것을 한다. 그런데 수정하거
나 메우고 싶은 부분이 많아 화장을 짙게 할수록 관계에는 허울
이 쌓이게 된다. 자신의 이야기를 하면서 실제보다 더 상처받고
행복해하고 화가 난 것처럼 과장하거나 혹은 아닌 것처럼 연기함
으로써 진실하지 못한 관계를 형성해나간다. 타인과의 관계에서
자신의 진짜 모습, 마음의 맨얼굴을 전혀 드러내지 않는 것이다.
짙은 화장을 한 나와 짙은 화장을 한 상대가 나누는 소통, 일부
SNS 이용의 부작용으로 인한 이즈음의 소통은 자신의 진정에 다

가가는 소통이라고 하기 어렵다.

그러므로 건강한 소통을 위해서는 우선 자신을 평가하는 습관부터 버려야 한다. 자신의 자아에 평가 없이 접근하여 자신의 특징을 담담히 받아들이는 것이다. 긍정적 자기개념을 가질 수 있는 영역에서는 그 긍정성을 유지하되, 성과가 없었거나 잘 통제하지 못했던 영역에 대해서는 담담히 받아들여 '난 대체로 최선을 다하고 있으며 나아지고 있다'고 믿는 자기수용self-acceptance이 필요하다.

자기수용은 반성과 성찰을 통해 자신을 깨닫는 것self-awareness에서 출발한다. 사람들 사이에서 자신을 그렇게 애써 인식하다보면 타인도 보다 여유를 가지고 받아들이게 된다. 나를 움직이게 하는 것이 타인에게는 그렇지 않을 수 있다는 것도 깨닫고, 다만 각자 특성이 다른 것일 뿐 누가 옳고 그르다고 말할 수 있는 것은 아님을 알게 된다. 우리가 기본적으로 다 같으면서도 다르다는 것을 인정하고 나면 심리적 화장 없이 훨씬 편안하게 타인을 대할 수 있게 된다.

다른 사람과 말하는 것이 편치 않다면 내가 누구인지에 대해 한번 자유롭게 써보자. 나에게 의미 있는 타자가 그러하다고 이야기해주었거나 비슷한 수준의 사람들과 비교해서 스스로 갖게 된 자기개념을 보다 수용적으로, 평가를 배제하고 받아들일 때 우리는 비로소 제대로 소통할 수 있다.

'나는 무더운 여름, 소나기가 내리기 시작할 때 땅에서 나는 비 냄새를 좋아하는 사람이다' '빗줄기가 철봉을 때리는 소리를 좋아하는 사람이다' '나는 바늘로 찔러도 피 한 방울 나오지 않을 것처럼 보인다지만 실은 마음이 여린 사람이다' '오래 만나면 자연스러워지고 과장이 없는 사람이다' '나는 사랑이 그리 오래가지는 않는 사람이다' 등등 평가를 배제한 채 객관적 사실만으로 자신을 묘사해본다.

물론 100퍼센트 긍정적이고 건강한 자기개념을 가지기란 어려운 일이다. 그렇다 하더라도 누구나 소통을 통한 즐거움을 맛볼 권리를 갖고 있고, 또 가까운 사람들에게 똑같은 즐거움을 선사할 의무가 있다는 게 나의 생각이고, 그렇게 허울 없이 즐겁게 소통하기 위해선 평가 없이, 담담하게 자기를 수용할 수 있어야 한다.

그다음으로는 자신을 어느 정도 드러내는 것이 필요하다. 타인이 모르는 나에 관한 정보를 자발적으로 공유하는 자기공개 self-disclosure가 없다면 소통은 이루어질 수 없다. 자신은 드러내지 않으면서 상대의 정보나 지식만을 알아내려는 관계는 일방적이므로 소통을 지속하기 힘들다. 내가 먼저 진실하고 정직하게 열린 자세로 상대방을 대할 때 관계는 더욱 공고해지고 오래 지속될 수 있다.

• 자기개념 self-concept: 자신이 누구라고 생각하는 자신의 이미

지. 우리는 언제나 자신을 평가하기 마련이며, 이 평가 결과에 의해 자존감이 형성된다.

- **자기평가**self-evaluation: 자신의 강점과 약점, 능력과 한계 등으로 자신을 평가하고 인식하는 것.
- **자존감**self-esteem: 자신에 대한 평가가 높을 때 자존감도 높아진다.
- **자기수용**self-acceptance: 평가 없이 자신의 특징을 받아들이는 것. 진정한 자기수용의 부족은 관계에 허울과 벽을 쌓는다.
- **자기인식**self-awareness: 성찰introspection을 통해 자신을 들여다보는 것. 올바른 자기인식을 통해 타인을 이해하고 제대로 소통할 수 있다.

'깨닫지 못한 자아'와 '숨겨진 자아'에서 '열린 자아'로

소통의 궁극적인 목적은 관계 맺기를 통해 서로의 자아를 인정하고 인정받는 것이다. 소통의 주체가 되는 자아는 다음과 같이 분류할 수 있다. 나도 알고 남도 아는 '열린 자아open self', 나는 모르고 남은 아는 '깨닫지 못한 자아blind self', 나는 알지만 남에게 드러내지 않아 남들은 모르는 '숨겨진 자아hidden self', 나도 남도 모르는 '미지의 자아unknown self'. 미지의 자아는 무의식 속에 묻혀 있어

남 \ 나	안다	모른다
안다	열린 자아	깨닫지 못한 자아
모른다	숨겨진 자아	미지의 자아

심리학자 조 루프트Joe Luft와 해리 잉엄Harry Ingham의 2인상호작용모형(1955)

인식하기 어렵고 소통 현장에서도 벗어나 있으니(꿈이나 최면 요법 등을 통해 다각도로 미지의 자아를 탐구하는데, 이는 직관을 기르는 효과적 방법이다) 다른 세 가지 종류의 자아를 이야기해보자.

사람들은 저마다 억압된 경험과 방어기제를 갖고 있다. 그래서 타인들 눈에는 뻔히 보이는데도 자신은 그렇지 않다고 생각하는 깨닫지 못한 자아(나는 모르고 남들은 아는)가 존재하기 마련이다. 그러나 이 영역이 존재하는 한 진정한 소통은 어렵다. 자기 자신도 모르면서 어떻게 남과 소통할 수 있겠는가. 이러한 깨닫지 못한 자아는 타인들의 피드백을 통해 줄여나갈 수 있다. 타인이 자신에 대해 말하는 것을 귀기울여 듣고 자신이 몰랐거나 부인했던 자아를 인정하는 것이다. 자신이 드러내고 싶지 않았던 숨겨진 자아(나는 알고 남들은 모르는)는 자신을 드러내 보임으로써(자기공개를 통해) 열린 자아로 옮겨가게 된다.

그러니까 소통이란 나는 알고 남들은 모르는 숨겨진 자아나 나는 모르고 남들은 아는 깨닫지 못한 자아로부터, 나도 알고 타인도 아는 열린 자아로 나아가는 길이다. 숨겨놓은 나만의 자아를 타인에게 드러내 보임으로써, 스스로 보지 못한 자아를 타인의 피드백을 통해 발견함으로써, 내 안에 웅크리고 있던 자아가 열린 자아로 시원하게 확장될 수 있다. 진정한 소통의 길은 자신과 원활하게 소통하고 자아를 인정하는 것에서 시작된다. 자신과 소통할 줄 알고 긍정적인 자기개념을 가진 사람만이 타인과 제대로 소통할 수 있으며, 그것이 곧 열린 자아로 가는 길이다.

KEY 소통이란?

나는 알고 남들은 모르는 숨겨진 자아로부터, 나는 모르고 남들은 아는 깨닫지 못한 자아로부터, 나도 알고 타인도 아는 열린 자아로 나아가는 길이다.

나는 왜 점점 더 말하기가 어려울까

우리가 앎에서 이해에 이르는 방법에는 몇 가지가 있다. 그중 하나가 유형을 분류해보는 것이다. 유형을 분류해보면 그 유형들이 합쳐져 큰 그림이 그려지면서 대상을 이해할 수 있다. 마찬가지로 소통의 유형을 살펴보는 것도 소통이라는 것의 본질을 보게 해준다. 소통은 목적, 관여하는 사람의 수, 친근한 정도, 방향성 등에 따라 다양하게 분류해볼 수 있다.

일단 소통의 상대가 누구냐에 따라서 자신과의 소통intrapersonal communication, 대인 커뮤니케이션interpersonal communication, 퍼블릭 커뮤니케이션public communication, 매스 혹은 매개된 커뮤니케이션mass or mediated communication 등으로 나눠볼 수 있다.

자신과의 소통은 상대와 소통할 때 상대방의 말을 이해하려는 과정에서 발생한다. 주의 집중, 수용, 해석, 분석, 저장과 회상, 반응 등의 과정에 모두 자신과의 소통이 개입한다. 우리가 상대의 감정을 이해한다고 하는 것은 우리 자신의 감정과 인식을 통해 여과된 그것을 이해한다는 것이다. 모든 소통은 늘 자신과의 소통 이후에 발생한다.

대인 커뮤니케이션이란 소수 사람들 사이의 비공식적인 메시지 교환 과정을 말한다. 두 사람 사이의 교류, 그리고 공통의 목적을 가진 소수 사람들 사이의 스몰 그룹 커뮤니케이션으로 대별해 볼 수 있다.

퍼블릭 커뮤니케이션이란 화자가 다수의 청중에게 메시지를 전달하는 것으로, 흔히 말하는 스피치로 이해할 수 있겠다. 다른 형태의 말하기보다 구조화되고 공식화된 말하기이다. 일상적인 대화를 준비하면서 살진 않지만 스피치는 준비한다. 목적에 따라 강의나 집회처럼 정보를 주기 위한 것, 미사나 예배, 정치연설 등 설득하기 위한 것, 행사 사회처럼 즐거움을 주기 위한 것, 그 외 환영이나 애도 등등 여러 목적이 있을 수 있다.

마지막으로 매스 커뮤니케이션은 특정 매개를 통해 먼 거리에 떨어져 있는 불특정 다수와 소통하는 것이다. 퍼블릭 커뮤니케이션처럼 보다 구조화되고 공식적인 메시지가 신문이나 책, 라디오나 텔레비전, 영화, 인터넷 등의 매체를 통해 다수에게 전달된다. 또한 매개된 커뮤니케이션은 대면하지 않은 두 사람이 일반 통신

수단common carriers 등의 매개를 통해 소통하는 것이다. 전화나 편지, 이메일, 문자, SNS 등을 통한 소통이 이에 속한다.

소통 수단의 다양화와 수렴에 따른 변화

문자 발명 전 사람들은 주로 대면 커뮤니케이션에 의지했다. 문자가 발명되고 기술이 발달하면서 인쇄 매체가 발명되고, 전파 매체나 영화에 이어 오늘날은 안테나도 케이블도 위성도 아닌 인터넷을 매개로 한 커뮤니케이션이 주종을 이루고 있다. 구매도 오락도 친구와 연인 간의 소통도 손끝으로 다 이루어진다.

인쇄 매체가 매스컴의 주종을 이루던 약 500년간 말은 글의 뒤로 물러나 그 지위가 실추되기도 했다. 그동안 말은 즉시적이고 감정적인 매체라는 오명 속에 뒤처져 있었던 것이 사실이다. 그러다가 20세기 들어 전파 매체가 등장해 멀리 있는 사람들과도 얼굴을 마주하는 듯 소통하게 되면서 말에 대한 관심이 다시 커지게 되었다. 언론학자 마셜 매클루언Herbert Marshall McLuhan은 다시 원시 시대와 같은 일대일의 '통通감각적 소통'의 시대가 열렸다고 감격하기도 했다.

매체의 기술적 발달이 더욱 가속화한 오늘날 21세기는 어떠한가. 일방적으로 시청하기와 서로 소통하기의 구분은 이미 오래전에 없어졌다. 마치 광장에서 대화하듯 각자가 가진 스마트폰으로 접속해 '즉시적 글쓰기'를 통해 소통한다. 사회학자 마누엘 카스텔스Manuel Castells는 이를 두고 "말에 대한 글의 복수가 시작되었다"고 표현하기도 하였다. 하지만 무엇이 글이고 무엇이 말인가. 오늘날 소통에서는 말과 글의 경계가 모호하다. 그 구분이 중요하지도 않게 되었다.

경계가 모호해진 것은 말과 글 사이만이 아니다. 인터넷신문, e북, 인터넷잡지, 인터넷라디오, 인터넷텔레비전, OTT 등 매체 간의 경계 또한 규정짓기 어려워졌다. 영화와 드라마, 책과 오디오북, 기호 잡지와 취미 유튜브, 모두 '이것은 무엇이다'라고 말하기 어려워지고 있다. 일방적으로 전달되던 매스 커뮤니케이션은 수많은 수용자들의 반응과 피드백을 통해 쌍방향성을 띠게 된 지 오래이고, 방영중인 드라마의 마지막회 대본은 시청자가 쓴다는 이야기가 진부하게 들릴 정도로 매체 수용자의 능동성이 증가했다.

동시에 일대다로 메시지를 전달했던 매스컴은 채널과 매체의 다양화로 같은 시간대에 같은 메시지를 전달받는 수용자 수가 점점 줄어드는 추세이다. 정해진 시간에 열리는 스포츠경기를 제외하고 요즘 기다렸다 방송사의 편성시간에 프로그램을 보는 사람이 얼마나 되는가. OTT나 VOD를 통해 보고 싶은 시간에 보고 싶은 만큼 보는 것이 일반화되었다. 내가 진행하기도 했던 〈KBS 9시 뉴스〉(각 지상파방송사의 대표 뉴스. 예전에는 많은 국민이 저녁

9시에 방송되는 각 지상파 방송사들의 이 뉴스를 통해 세상의 소식을 접했다)의 위상과 제목의 의미는 예전과 같지 않다. 아마 괄호 속 설명처럼 사전적 의미만 가지게 되리라. 수용자가 분절되면서 '브로드'캐스팅broadcasting이었던 방송은 점차 '내로'캐스팅narrow casting, '퍼스널'캐스팅personal casting으로 수렴되는 중이다.

반면 일대일로 메시지를 주고받던 통신은 우편의 집단발송, 단체 이메일, 인터넷그룹폰 등 벌써 용어가 낡거나 사라진 것들을 거쳐 카톡방, 텔레그램방, 각종 SNS 등으로 일대다 커뮤니케이션 또한 일상적으로 수행 가능해졌다. 사적인 소통과 공적인 소통의 경계 또한 무너지고 있는 것이다. 말하자면 인스타그램에 사진을 올리는 사용자에겐 통신이 곧 방송인 격이다. 수많은 유튜브 채널을 통해 개인들이 방송을 할 수 있는 세상, 공적 소통과 사적 소통이 중첩하는 세상이다. 모든 소통의 양태는 경계를 넘어 어디선가 수렴하거나 융합하는 중이다. 짧은 시간 내에 이를 넘어서는 무엇이 곧 또 나올 것이다. 하지만 기술적으로 누구든 방송할 수 있는 환경이 갖추어지면서 매체들이 누렸던 권위는 사라지고 있으되, 새로운 매체들이 대두할 때마다 늘 갖게 되는 '민주적 쌍방향 소통' 따위의 막연한 낙관은 수많은 부작용 때문에 역시나 실현난망이다.

다만 내가 주목하는 것은 작금의 이러한 환경에서 점점 말하기가 어렵다고들 하는 젊은이들이 늘고 있는 현실이다. 누구든 집안 책상 앞에 앉아 1인방송국도 차릴 수 있는 매체와 소통 환경에서 대체 어떤 이유 때문일까. 지금도 이에 대한 심리학·사회학·언론학 분야의 연구가 많이 이루어지고 있으나, 나는 이렇게 생각한다.

수많은 SNS 이용 '덕택에' 대면소통이 줄어들게 되었다. 많은 SNS상의 자기공개는 그야말로 원하는 것만 드러내는 '자랑의 자기공개'인 경우가 대부분이며, 또한 마찬가지인 타인의 자랑 공개에 부러움과 시기가 반쯤씩 섞인 '좋아요'를 누르는 일이 반복되다보면, 소통은 마치 각자 자신이 원하는 것을 보이고 그에 상투적인 반응을 하는 것이라는 생각에 접어들게 된다. 그래서 매체를 통한 소통이 주를 이루는 이 시대에도 피할 수 없는 대면소통이나 전화통화 등에서 어려움을 느끼게 되는 것인데, 이는 대면소통의 상황이 현격히 줄어들어서일 수도 있으나 소통에 대한 개념이 왜곡된 탓이 더 클 것이다. 즉 말과 소통이 나와 타인의 자연스러운 모습 속에서 이루어지는 것이 아니라 꾸미고 가공된 이미지를 토대로 이루어지는 것인 양 왜곡돼버린 것 아닐까. 나를 잘 보여야 한다는 생각, 포장해야 한다는 억압에 자연스럽고 편안한 소통은 짓눌리고 마는 것이다.

KEY

말과 소통은 나와 타인의 자연스러운 모습 속에서 이루어져야 한다. 꾸미고 가공된 이미지로는 진심을 나눌 수 없다.

누구에게든 눈물겹고, 생각보다 단순한

내 앞에 있는 사람에게 나를 잘 보여야 한다는 강박을 내려놓고 나면 의외로 편안해질 수 있다. 상대가 무엇을 좋아할지를 지나치게 살피는 것 또한 나와 상대를 둘 다 피곤하게 할 수 있다. 나를 드러내는 것도, 상대를 파헤치는 것도 아닌 제3의 가벼운 화제로 이야기를 시작하는 것이 가장 자연스럽기에 인류는 그토록 '날씨' 이야기를 해왔는지도 모른다. 어떤 관찰력 있는 어린이가 어느 날 엄마에게 물었다고 한다.

"엄마, 날씨는 왜 있는 거예요? 사람들 이야기하라고 있는 거예요?"

도무지 알 수 없는 날씨의 세계, 그런데 어른들은 만나면 계속 이 날씨로 인사를 나누니 아이 마음엔 날씨의 오묘한 변화가 인간의 인사말을 위해 있는 건가 하는, 전후가 뒤바뀐 귀여운 질문이 떠오른 것일 게다. 날씨를 포함해 나와 당신의 사이에 있는 그 어떤 가벼운 이야기로 대화를 시작하는 것, 어떤가? 생각보다 쉬운가, 어려운가?

아이들을 놀이터에 데리고 나가면 재미있는 광경을 많이 볼 수 있었다. 말을 하려는 본능과 그 목적이 뚜렷한 소통의 현장이 거기 있었다. 예를 들면 이런 장면들이다.

#1. 우주 라이언

유치원에 다니던 아이가 어느 날 집에 돌아와 자신을 앞으로 '우주 라이언'이라 불러달라고 하였다. '장호'라 부르면 대답하지 않겠으며 우주 라이언을 자신의 이름으로 삼겠다는 것이었다. 그럼 네 동생 '근호'는 어떡하느냐는 말에 잠시 생각하던 아이는 '걔는 우주 타이거'로 하겠다고 했고, 우주의 아들들을 둔 엄마는 그럼 뭐냐는 질문에 '우주 래빗'이라는 이름까지 얻어 가졌다.

믿음직한 우주의 두 아들을 앞세우고 놀이터로 향했다. 한적한 놀이터에서는 또래 여자아이가 그네를 타고 있었다. 우주 라이언은 그 소녀에게 넋을 빼앗긴 듯했다. 엄마는 모르는 척 벤치에 앉아 신문을 보기 시작했는데, 그네 주변을 계속 맴돌던 아들의 목소리가 들려왔다.

"난 우주 라이언이라고 해. 네 이름은 뭐니?"

실소를 금치 못하며 신문에서 눈을 떼고 그쪽을 바라보니 그네를 타던 여자애는 '뭐 이런 애가 다 있나' 싶은지(아니면 장호가 자기가 좋아하는 타입이 아니어서일 수도 있겠다) 앞에 선 우주의 존재를 무시한 채 그네를 타는 것이었다. 질문을 했으나 답을 듣지 못한 아이는 이 무안하고 난감한 상황을 어쩔 줄 몰라 잠시 그 앞에서 주춤대다가, 늘 대꾸를 해주는 사람이 생각났는지 엄마가 있는 벤치로 달려왔다.

"엄마, 쟤는 이름이 없나봐요. 물어봐도 대답을 안 해요."

불쌍한 우주 라이언. 이 세상엔 대답을 듣지 못하는 경우가 너무 많은걸. 이름이 없을 리는 없단다, 마음이 없을 때도 대답하지 않지. 게다가 누가 우주 라이언에게 쉽사리 평범한 지구상의 자기 이름을 대겠니…… 수줍어서 그럴 수도 있으니 네가 아는 동화책이나 만화 이야기를 해보라는 엄마의 충고를 듣고 득달같이 달려간 장호는 뭐라 뭐라 하더니 여전히 그네를 멈추지 않는 여자아이를 뒤로하고 다시 달려왔다.

"엄마, 내가 피터팬을 아느냐고 했더니 그애가 헉헉, 모른대요."

제대로 소통하지 못하는 아들이 딱했지만 이제 네가 알아서 하라며 아이를 쫓아 보냈다. 물정 모르는 우주 타이거의 협력이 있었는지, 아니면 피터팬과 이야기가 통했던 건지 어느덧 세 아이는 신나게 어울려 놀고 있었다.

유정아의 서울대 말하기 강의

#2. 진입 장벽

두 아이와 놀이터에 나와 있던 다른 아이들 여럿이 어울려 술래잡기 같은 놀이를 시작한 게 채 반 시간도 안 되었다. 놀이터에서 아이들이 하는 말이라고 해봤자 놀이 규칙을 정하고 술래를 정하고 놀이를 하다가 "찾았다"라거나 "악" 하고 감탄사를 내뱉는 정도이다.

술래잡기 놀이가 무르익어갈 무렵 한 아이가 홀로 놀이터에 등장했다. 쯧쯧, 30분만 일찍 나왔으면 아무런 노력 없이 무리에 낄 수 있었을 텐데. 아이는 하릴없이 황야의 무법자처럼 무리 주변을 어슬렁거리며 끼어들 기회를 엿보았다. 그러나 아이들은 놀이에 열중하느라 좀처럼 빈틈을 보이지 않았다.

그러다 어느 순간 황야의 소년이 미끄럼틀 위에서 엄청나게 몸 부림치는 것이 눈에 들어왔다. 거의 공작새가 꼬리를 펴는 장면을 방불케 하는 그 찬란한 몸동작은 무리에 끼기 위한 녀석의 처절한 몸 개그였고, 아이를 둘러싼 채 구경을 하던 무리는 뜀박질로 한껏 고조된 몸과 마음으로 깔깔 웃어대다가 그 아이를 받아들였다. 아이는 무리에 끼어 놀면서도 다른 아이보다 조금 격앙되어 보였다. 값비싼 노력을 치르고 진입한 집단에서 계속해서 잘해보겠다는 생각 때문이기도 하겠고, 과장된 몸짓으로 인한 흥분이 쉬이 가라앉지 않는 모양이기도 했다. 아, 인생의 초년병 시절부터 관계를 맺는다는 건 얼마나 눈물겨운 일인가.

스몰토크, 관계 맺음의 시작

네트워크 사회라는 말을 굳이 쓰지 않아도, 또 네트워크 사회가 아니라 해도, 사람은 누구나 타인과 관계를 맺고자 하는 본능을 갖고 있다. 관계성은 인간의 기본욕구 가운데 하나인 것이다. 그런 욕구를 갖는다는 것은 앞의 두 놀이터 관찰 사례에서 보다시피 부끄러울 것도 자존심 상할 것도 없는 자연스러운 현상이다. 그 욕구를 충족시키기 위해서는 말이 반드시 필요하다.

요즘 흔히들 말하는 '스몰토크(작고 사소한 이야기를 나누는 것)'가 이러한 관계 맺음의 시작이고 관계를 유지하는 데 윤활유가 될 텐데, 이 스몰토크에 불안을 느끼는 사람이 허다하다. 삶에 대한 너무나 진지한 자세, 낙관보다는 걱정, 표현보다는 사유, 사소한 것들보다는 거창한 것들로 세상이 구성되어 있다는 거대담론에 치우친 생각 등이 스몰토크를 방해한다.

기술이 발달하여 소통의 수단을 변화시켜도 소통의 본질은 타인과의 관계 맺기이며, 말은 꽤 오랜 기간 소통의 중심에 서 있을 것이다. 말하기가 힘이 드는가? 앞서 보았듯 어른이든 아이든 관계 맺기는 쉽지 않고, 관계를 맺기 위한 말하기 또한 누구에게나 쉽지 않다.

가만히 생각해보면 참 눈물겨운 일이다. 이 세상에 태어나 처음 보는 누군가와 관계를 맺고, 그러기 위해 타인에게 말을 걸고 세상과 마주하며 살아간다는 것은. 관계가 깊어지면서 얻는 기쁨, 안정감도 있지만, 거기에 이르는 여정은 어느 누구에게도 쉽지 않다는 것을 기억하자. 고 녀석의 질문대로 우리에겐 날씨처럼 같은 공간 같은 시간을 함께 살아가기에 같이 느끼고 같이 말할 만한 공통의 화젯거리들이 있다. 최근 한 출판사(휴머니스트)에서는 '날씨와 생활'이라는 주제로 세계문학 시리즈를 낼 만큼, 날씨는 별것 아닌 것이 아닌 것이다.

KEY

처음 보는 사람에게 말을 걸고 그와 관계를 맺는 일은 누구에게나 어렵고 고된 일이다. 세상은 거창한 것들로 구성되어 있다는 생각을 버리고 '스몰토크'로 먼저 다가가보자.

당신이 미처 생각하지 못했던
소통능력의 구성요소들

흔히 의사소통능력은 현대사회에서 '성공적인 삶'을 살기 위해 반드시 갖춰야 할 능력이라고들 하지만, 선뜻 긍정하는 말이 내 입에서 나오지 않는다. 세상을 움직이는 스피치 기술, 상대를 사로잡는 대화의 기법, 토론에서 무조건 이기는 나만의 비법 따위의 팝업광고나 지라시 같은 말들이 난무하는 세태 앞에서 허망해지곤 한다. 사회 한편에서 아무리 소통의 기본을 교육해도, 결국 말로 대표되는 의사소통능력은 사람들에게 그저 신자유주의적 자기계발의 하나쯤으로 치부되는구나 하는 쓸쓸한 생각이 말하기 선생을 위축시킨다고나 할까.

소통의 중요성을 나답게 강조한다면, 이렇게 말할 것이다. 의사소통능력은 문학적 역량, 운동능력, 노래나 그림 그리기 같은 특기 등과 달리 사회라는 공동체 안에서 우리 인간의 기본적인 정체성을 확립해주고 유지해주는 최소한의 조건이다. 그 최소한의 조건이 잘 충족되면 긍정적인 자기정체성을 가질 수 있다. 소통은 세상의 성공을 위해서가 아니라 나의 존재를 위해 필요한 것이다. 말 한마디 없던 조용한 여자애에서 별들의 혼돈기 같던 청소년기와 대학 시절을 지나 말이 주요한 일인 아나운서라는 직업을 갖고 의사소통능력을 들여다보기 시작하면서 세상과 나 자신을 보다 또렷하게 볼 수 있게 된 한 사람의 사례가 있다.

무엇보다 말하기에 대해 가르치기 시작하면서 강의 준비를 위해 수많은 교재들을 읽고 번역하고 필요한 내용들로 강의안을 짜면서, 소통이 진정으로 중요하다는 것을 그제서야 실감하게 되었다. 지금도 말하기가 부족하다고 여기는 분들은 말하기에 대해 가르쳐보겠다고 생각하고 공부하면 아마 가장 큰 효과를 볼 수 있을 것이다. 내가 가르치기 위해 공부하면서 얻은 많은 것들 중 가장 중요한 지식과 깨달음은 소통능력을 뒷받침하는 요소에 대한 것이었다. 내가 생각하지도 않았던 것들이 사람의 소통능력을 좌우했다.

창조력과 감정이입, 세상을 향한 더듬이의 부족, '물소통'의 이유?

의사소통능력communication competence이란, 상호작용의 상황에 알맞게 메시지를 조절하는 언어적·인지적 능력을 일컫는다. 사람의 인지능력은 타고나는 것 아니겠느냐는 선입견을 뒤엎는, 말하기 훈련을 통해 의사소통능력이 향상될 수 있다는 연구 결과들이 많다. 이 의사소통능력을 구성하는 요소들은 미시적·거시적·중범위적 차원으로 구분해볼 수 있다. 어쩌면 이 책의 핵심은 결국 이 의사소통능력의 구성요소들이 무엇인지를 알고 이를 개선하는 것이라고 할 수 있다.

많은 사람들이 "나는 말하기 능력이 부족해"라고 하면서 접근하고 익히고자 하는 부분들은 대개 미시적 요소들이다. 즉 발음의 정확성, 목소리의 역동성, 어느 정도의 유창함, 편안한 눈맞춤, 타인에게 거부감을 주지 않는 태도와 외양 등이다. 말의 가장 일선에서 우리의 의사소통능력을 좌우하는 것들이라고 할 수 있다. 그러나 이것이 다가 아니다. 내가 잘 말하지 못하는 것이 목소리와 발음과 눈맞춤 때문이 아닌 경우다.

미시적인 부분 외에 감정이입, 인지복잡성, 창조력, 적응성 같은 조금 더 추상적이고 거시적인 요소들이 저 위쪽, 혹은 저 깊은 곳에서(그러니까 실은 더 기본적으로) 우리의 의사소통능력에 영향을 미친다. 타인의 감정을 헤아릴 줄 아는 능력(감정이입empathy), 세상에 대한 더듬이가 많아 이리저리 다양하게 세상을 인식할 수 있는 능력(인지복잡성cognitive complexity), 새로운 아이디어(창조력), 그때그때의 분위기에 적절히 녹아들 수 있는 능력(적응성) 등은 소통의 순간이 아니라 그 이전부터, 즉 더 근본적으로 그 사람의 말의 내용과 절차의 적절성을 좌우한다.

이중 가장 중요하다고 할 수 있는 감정이입 혹은 공감이란 타인의 관점으로 세상을 보고 경험할 수 있는 능력으로, 그저 대상을 측은하게 여기는 연민sympathy과는 다른 것이다. 애써 그가 되어보는 것, 그의 입장에서 생각해보는 것이다. 내가 그의 처지가 되어 그의 시선으로 사안을 보고, 그의 감정을 헤아리고, 그의 행복에 대해 진정한 관심을 갖는 것이 세 가지 차원의 감정이입이다. 어렵지만 우리 인간은 유아 시절부터 그러한 능력을 가지고 있다는 것이 입증되어 있으므로, 내가 살면서 방어적으로 철회한 이 아름다운 능력을 한번 들여다보고 꺼내 쓰시기를 권한다.

더듬이에 비유한 인지복잡성은 복잡하다고 좋은 것도, 단순하다고 좋은 것도 아니다. 비슷한 수준일 때 친구나 연인이나 부부가 된다고 해야 할까? 더듬이나 안테나가 얼마나 예민한가에 따라 느끼는 정도가 다른 것일 터, 세상을 향한 더듬이나 안테나를 비슷한 수로 가진 사람들 간 대화가 편안할 것임은 당연하다. 그러므로 상대와 대화할 때 '왜 저 사람은 저걸 못 느끼나, 혹은 왜

저 사람은 저렇게 민감한가' 의아해하지 말고 '나와 인지복잡성에 차이가 있구나' 하고 생각하면 조금 편안해지면서 상대를 상대화(세상을 받아들이고 느끼는 것이 나와 다를 수 있다는 인정)할 수 있다.

창조력은 내가 말을 잘 못하는 이유가 불안이라든가 유창하지 못함 때문이 아니라 내가 떠올릴 수 있는 게 얼마 없어서라는 깨달음에 도달하게 해주는 개념이다. 같이 나눌 말이 나의 상상력의 한계로 떠오르지 않아서인 것을 모르는 경우가 흔하다.

적응성은 아주 사소하게는 말하기를 방해하는 여러 돌발적인 순간들(시각자료의 원활하지 못함, 청중의 무반응이나 예상치 못한 질문 등)에 융통성 있게 대처하는 능력이라고 할 수 있겠다. 좀더 근원적으로는 내가 하려는 이야기를 청자와 상황에 맞추어서 변주할 수 있는 능력이다. 공학도인 화자라면 전문적인 이야기를 같은 전공자들에게 발표하는 자리인가, 그것을 알기 쉽게 소개하는 자리인가, 친구가 물어 간단히 대답해주는 자리인가에 따라 말의 수위를 정할 수 있어야 한다.

마지막으로 미시적 요소와 거시적 요소의 중간 수준에 위치하는 중범위적 요소들이 있는데, 바로 자기공개와 위트이다.

언제 어떻게 어느 정도 자신을 드러내는 것이 적절한지를 아는 것이 자기공개의 감일 텐데, 양극단을 생각해보자면, 소개팅 첫날 내 이전의 연애사를 다 밝히는 경우와 10년 된 친구인데도 집이 어디인지도 알리지 않는 경우 등이다. 이런 극단 사이에 다양한 자기공개 수준이 존재한다. 물론 자신의 생각과 감정을 밖으로 표출하는 정도는, 사람이 다른 사람과 물리적으로 어느 정도 떨어져 있을 때 편안함을 느끼는지처럼 사람마다 다르다. 내 생각을 왜 타인과 교류해야 하는지, 왜 묻지도 않은 말에 답해야 하는지에 대해 느끼는 필요성은 사람마다 다른 것이다. 묻는 말에만 답하고 살면 절반은 하는 것이라는 말이 있는 것처럼, 먼저 나서지 않는 말하기가 나은 경우도 있다. 자신을 불편하게 하지 않으면서 상대도 적당하다고 여길 정도로 자신을 공개하는 것. 건강한 자기공개는 열린 자아로 나아가는 역할을 할 수 있다는 생각으로 자신을 한번 떨어져서 바라보자.

더불어 이 각박한 세상에서 무언가를 능치고 희화하는 말을 들을 때 얼마나 신선하고 반갑던가. 그저 사실 그 자체가 아니라 그것을 유머로 대할 수 있는 사람을 우리는 좋아한다. 그 사안에 대해 오래도록, 떨어져서 바라보다가 그러한 유머에 도달할 수 있기에 그렇다.

의사소통능력을 구성하는 미시적·거시적·중범위적 요소들을 둘러싸고 사람들마다 차이가 있기 때문에 우리는 다양하고 다기한 말하기 스타일을 만날 수 있다. 이에 표준화된 틀이 있는 것이 아니지만, 사람의 의사소통능력이 교육에 의해 향상될 수 있다는 연구 결과들이 나와 있다. 교육으로 인한 그러한 효능감 증대가 입증되지 않았다면 말하기 교육은 존재하지도 않았을 것이다.

무엇보다도 다행인 것은, 추상적이고 어렵게 느껴지는 의사소통능력의 거시적·중범위적 요소들, 즉 감정이입, 인지복잡성, 창조력, 적응성, 자기공개, 위트 등이 미시적 요소들을 훈련함으로써 나아진다는 사례 연구들이 나와 있는 점이다. 발성과 발음과 눈맞춤과 자세, 태도 등을 훈련하면서 저 안의 것들이 건드려진다는 것인데, 나는 이렇게 생각한다. 미시적 훈련을 한다는 것 자체가 나의 말하기를 바라보기 시작한다는 것이고, 이렇게 나의 소통을 조금 떨어져서 바라볼 때부터 소통능력은 더 나아지기 때문이라고.

KEY   소통능력의 구성요소

• **미시적 요소:** 발음의 정확성, 목소리의 역동성, 어느 정도의 유상함, 편인한 눈맞춤, 타인에게 거부감을 주지 않는 태도와 외양 등.

• **거시적 요소:** 타인의 감정을 헤아릴 줄 아는 감정이입, 다양하게 세상을 인식할 수 있는 인지복잡성, 새로운 아이디어가 샘솟는 창조력, 그때그때의 분위기에 적절히 녹아들 수 있는 적응성.

• **중범위적 요소:** 자기공개, 위트.

유정아의 서울대 말하기 강의

말의 과정을 낱낱이 파헤쳐보기

'말하기'라는 접부채를 펼쳐 소통의 구성요소를 살펴보는 것은 우리의 말하기 과정을 입체적으로 바라볼 수 있게 해준다. 말이 말로 이루어져 있지 그 밖에 뭐가 있겠느냐는 단순한 사고에서 한 발짝 더 들어가보자.

소통을 구성하는 요소로 먼저 '화자'와 '청자'가 있다.

어떠한 종류의 소통이라 할지라도 소통은 본질적으로 사람과 사람 사이에서 일어난다. 화자와 청자는 역할을 번갈아 바꿔가며 소통에 참여한다. 이들 참여자들이 각자 털어놓는 경험의 내용이 곧 소통의 내용이 된다. 소통 현장에 있는 사람들이 축적해온 경험의 종류, 정도, 크기는 때로 소통의 내용뿐 아니라 방식도 결정

짓는다.

이들의 소통능력 또한 당연히 소통에 큰 영향을 미친다. 아무리 아는 것이 많아도 그 지식을 언어에 잘 담아낼 수 없다면 무슨 소용이겠는가? 세상 모든 것에 섬세하게 반응하는 더듬이를 아무리 여러 개 가지고 있다 한들 적절한 언어를 찾아낼 수 없다면 더듬이 자체가 녹슬고 말 것이다. 또 자신의 말하기에만 집중한 채 청자의 큐(cue, 화자로의 역할 변화를 요구하거나 지금 하고 있는 말에 대한 조절을 요구하는 신호)들을 인식하지 못하는 화자는 좋은 화자라 할 수 없을 것이다. 앞 장에서 언급한 의사소통능력은 사람 사이의 소통에서 중요한 요소이다.

다음으로 기호화와 해독이 있다.

기호화encoding는 메시지를 생산하는 행위, 해독decoding은 메시지를 이해하는 행위이다. 화자는 자신의 메시지를 언어라는 기호에 실어 청자에게 보내고, 청자는 그 언어기호를 해독해 자신의 메시지로 받아들인다.

여기서 메시지란 화자가 기호화하기 전과 청자가 해독한 후에 존재하는 내용이다. 유념할 것은 같은 언어를 사용하는 언어 사회에서도 사람마다 어떤 단어에 담는 메시지가 차이난다는 점이다. '사랑해'를 한번 생각해보자. 이 말을 들은 남자는 '여자가 이 단어를 발화한다는 건 결혼까지 불사하겠다는 뜻'으로 해독한다.

그러나 화자인 여자가 그저 잠 안 오는 밤 떠오르는 이에게 사랑한다 말한 것이라 한다면, '사랑'이란 언어의 기호화 전과 해독 후의 메시지는 크게 차이나고 만 것이다.

그렇다면 소통의 오류를 줄이기 위해서 어떤 과정을 거쳐야 할지 짐작할 수 있을 것이다. 이미 말을 함으로써 의미를 전달했더라도 화자는 이를 정확히 구체화하고 확인하는 작업이 필요하고, 청자는 화자의 의도를 다시 한번 파악할 필요가 있다. 회의가 끝나고 부서로 돌아가 엉뚱한 일을 하는 경우가 수도 없이 많은데, 이는 그러한 확인 작업의 부재에서 비롯된 것이기 쉽다. 철저한 확인이 필요하다.

채널은 화자와 청자 사이에서 메시지가 전달되는 수단이다.

화자의 발성기관에서 소리를 내면 음파가 공기를 타고 청자의 귀와 청각신경기관으로 들어간다. 화자와 청자가 서로 멀리 떨어져 있을 때는 매체가 필요하다.

우리의 소통에 늘 잡음이 존재한다는 것도 인정해야 한다.

소통의 구성요소에 아예 이 잡음이 들어가 있다는 점을 주목하라. 그만큼 사람들에게는 잘 소통하지 못하게 하는, 제대로 듣지 못하게 하는 여러 요인들이 존재한다는 것이다. 시끄러운 소리 같은, 그야말로 문자 그대로의 물리적 잡음, 편견이나 선입견 등의 심리적 잡음(저 인간은 나와 정치적으로 다르니 하는 얘기마다 한심할 거야), 사회문화적 차이에서 오는 의미적 잡음('점심 드셨어요?'는 우리 문화에서는 그저 오후인사이지만, 어느 문화권에서는 프라이버시 침해다) 등이 소통을 방해하거나 간섭한다. 잡음을 줄이기 위해 애쓰지만 이를 완전히 없애기는 힘들다는 것을 인정해야 한다.

피드백도 소통의 요소 중 하나다.

피드백이란, 화자의 메시지에 대한 청자의 반응이 다시 화자에게 전달되는 과정을 뜻한다. 앞에서 언급한 '큐'도 피드백의 일종이다. 화자는 청자의 큐를 참고해 자신의 말을 적절하게 조절할 줄 알아야 한다. 청자가 고개를 계속 빨리 끄덕이면 속도를 조금 빨리 하고, 윗몸을 바싹 앞으로 당기거나 귀에 손을 가져가는 등의 신호를 보내면 속도를 늦춘다. 청자가 뒤로 축 처져 기대앉아 있거나 눈맞춤을 피하면 몹시 지루하다는 신호로 받아들여 잠시 침묵(주의를 집중시키기 위한 가장 좋은 신호이다! 하던 말을 3초 정도 멈추면 졸던 사람도 소스라쳐 깬다)한 후 중요한 말을 던지거나 농담 등으로 주의를 환기하는 것이 좋다. 또 청자가 엉킨 실타래 같은 표정을 짓는다면 보다 명료하게 말할 필요를 느낄 수 있어야 한다.

말이란 독불장군의 권세 자랑이 아니다. 자신이 원래 하고자 했던 말에 방해가 될 수도 있을 피드백을 겸허히 받아들이는 것은 멀리 보면 자신의 소통능력을 키우는 가장 빠른 방법이다.

효과와 윤리적 차원도 빼놓을 수 없다.

소통은 청자와 화자의 인식, 태도, 행동에 변화를 일으키는데, 이를 효과라고 한다. 소통의 내용이 청자나 화자에게 총알처럼 정확히 박히기만 하는 것이 아니라 양자 가운데 누군가에게 모종의 변화를 유발할 수 있기에 소통은 항상 윤리적 차원을 갖는다.*

이렇게 소통의 요소가 다양하듯 말하는 상황도 가지각색이므로, 상황이 달라질 때마다 대화 방식을 달리해야 한다. 상황에 따라 다른 말을 하라는 것이 아니라 상황에 적합한 말을 하는 유연성을 가져야 한다는 것이다. 청자가 나의 학생들일 때, 정부 공무원일 때, 미사 때 신자들에게 강론을 어떻게 할 것인지 배우기 위해 나를 강사로 청한 새 사제들일 때, 시간이 다급할 때, 혹은 둘이서 대화할 때, 대화 방식은 다양하게 변주되어야 한다.

우리가 사는 세상에는 완벽한 화자도 청자도, 완벽한 소통도 존재하지 않는다. 상대를 배려하며 애써 진심을 말하고 온갖 잡음에도 불구하고 그의 진심을 귀기울여 듣는 것이 진정한 의미의 소통을 위해 우리가 해야 할 일이다. 우리는 함께 살아가고 있기 때문이다.

---

* 구성요소의 분류는 『대인 커뮤니케이션』(박기순, 세영사, 1998)을 참고했다.

KEY

소통에는 늘 잡음이 존재한다. 소통의 구성요소에 이미 잡음이 포함돼 있음을 주목하라. 그만큼 사람들에게는 잘 소통하지 못하는, 제대로 듣지 못하는 여러 요인들이 존재한다. 시끄러운 소리 같은 채널상의 물리적 잡음, 편견이나 선입견 등의 심리적 잡음, 사회문화적 차이에서 오는 의미적 잡음 등이 소통을 방해한다. 동시에 이러한 잡음을 줄이기 위해 애쓰지만 완전히 없애기는 힘들다는 것을 인정해야 한다.

유정아의 서울대 말하기 강의

우리 모두의 말하기 불안

자신의 흥미와 청중, 경우에 맞는 주제를 고르고 논리적이고 효과적으로 구조화하고 자료들을 풍성하게 준비했어도 발표 시 중요한 문제가 해결되지는 않는다. 청중 앞에서 실제로 발표할 때 자신감이 사라지고 불안해지기 때문이다.

'말하기 무서움증fear of speaking' '무대 공포stage fright' '소통 염려증 communication apprehension' '말하기 걱정speech anxiety' '지나친 수줍음shyness' 등 여러 말로 지칭되는 말하기 불안은 그 증상도 원인도 다양하다. 학기 초에 내가 내주는 첫 과제는 자신이 겪는 말하기 불안 증상을 발표하게 하는 것이었다. 말하는 것이 불안할 때 어떤 신체적 증세가 나타나고, 그 증세는 어떤 상황에서 특히 자주 나타나는지, 그러한 불안을 느끼는 심리적 원인은 구체적으로 무엇이며, 그것은 어디에서 비롯된 것인지 생각해 와서 발표하는 것이다. 말하기 불안을 극복하는 데는 자신의 말하기 불안을 이해하고 분석하고 받아들이는 것만한 왕도가 없기 때문이다.

말하기 불안으로 인한 신체적 증상은 아주 다양하다. 얼굴 붉어짐, 손 떨림, 입 주위나 눈의 경련, 심장 박동수 증가(학생들은 대부분 이것을 '심장이 뛴다'고 표현한다. 평상시에도 멀쩡히 뛰는 심장이 조금 빨리 뛰는 것을 인식하는 것일 뿐인데), 어지럼증, 목소리가 갈라지거나 목이 메어 소리가 잘 나오지 않고 머릿속이 백지처럼 하얘지는 현상, 입 마름, 안절부절못함, 눈을 맞추지 못하고 말하는 속도가 빨라지는 것 등이다. 자신이 겪는 이러한 신체적 증상들에 대해 발표하는 동안에도 똑같은 증상이 나타나는 경우가 허다했다. 그리고 그러한 증상이 나타나고 있음을 자각하는 순간 얼굴은 더 붉어지고 손은 더 떨리며 경련은 더욱 심해지는 것이다.

이러한 불안 증상이 가장 심하게 나타나는 상황도 사람에 따라 다 다르다. 많은 사람 앞에서 말할 때가 힘들다는 사람이 가장 많았으나, 오히려 발표는 편안하게 하지만 친하지 않은 사람과 난둘이 대화할 때, 혹은 소집단 안에서 회의를 이끌거나 의견을 말해야 할 때가 가장 부담스럽다는 이들도 꽤 있었다.

학생들은 자신이 왜 이러한 몸과 마음의 변화를 겪는지 생각해 본 후 다음과 같이 분석했다. '내가 바보짓을 할까 두렵다' '나는 완벽하고 싶은데 상황을 예측하거나 내 계획대로 조종할 수 없다' '발표 준비가 충분하지 않다' '내가 어떻게 비칠지 걱정이 된다' '청중이나 상대가 나를 좋아할지 불확실하다' '내 사투리를 상대가 비웃진 않을지 염려된다' '말을 하고는 있지만 어차피 말은 무의미한 것이라는 생각이 든다' '재미있게 말해야 한다는 부담이 있다' '내 말이 제대로 전달되고 있는지 신경이 쓰인다' '내 의견이 거절당할까봐 겁이 난다' 등 말하기 불안 증세를 유발하는 생각은 아주 다양하다.

이렇듯 다양한 심리적 이유의 기저에는 또 다양한 기억이 자리한다. 어린 시절 혼자 있는 경우가 많았거나, 대화가 적었던 가족 사이에서 말을 해도 대답을 듣지 못했거나 꾸중을 들었던 경험의 중첩, 수업 시간에 발표 한번 했다가 엉망이 되어 자신감을 잃은 기억, 직장에서 들은 말들로 상처받았던 기억, 말을 잘못 전달해 일을 그르친 경험 등이다.

나의 경우 어렸을 때는 대화를 즐기지도, 발표를 통해 성취감을 느끼지도 못했다. 학생들과 수업하며 나 또한 내가 왜 그런 아이였는지 그 이유를 생각해보았다. 말을 한창 배워가던 네다섯 살 무렵이었다. 엄마가 마당에 빨래를 걷으러 나가시는 걸 보고 "엄마, 이왕이면 나간 김에 거기 있는 내 장난감 좀 가져다줘"라고 말했다. 당시 알게 된 '이왕이면'이라는 표현이 멋지게 들려 그 말을 넣어 말 짓기를 시도했던 것인데, 엄마에게 된통 혼만 났다. 아이가 쓸 말을 써야지 그 무슨 말버릇이냐며. 가사에 지친 나머지 엄마는 자신에게 '명령'하는 딸에게 성질 한번 부린 것이었을 지도 모르는데, 나는 속단하고 말았다. '아, 어른들은 아이가 새로운 말을 쓰는 걸 좋아하지 않는구나'라고 말이다. 그다음부터 나는 어디에 가도 나서서 이야기하지 않았던 것 같다. 말을 하려고 하면 늘 듣는 이의 평가가 두려워졌다. 그러다보니 듣고 배워 알게 된 단어들로 말 짓기를 하기보다는 누구도 평가하거나 개입할 수 없는 글쓰기에 심취한 게 아닐까 싶다. 그래서 나는 요즘도 쓸 데없는 말을 하는 걸 좋아하지 않는다. 가끔씩 그 '쓸데없는 말'들이 그 사람을 실없는 사람이나 웃기는 사람처럼 보이게 할지는 몰라도 분위기를 돋워주고 부드럽게 해주는데 말이다.

이렇듯 사람마다 유전자나 유년의 기억, 집안 분위기, 학창 시절과 사회 경험에 따라 각기 다른 말하기 불안 증세를 갖고 있기 마련이다. 특히 우리는 말은 삼가는 것이 좋다고 가르치는 유교 문화권 아래에서 오래도록 지내왔다. 나이가 어리기에, 서열이 낮아서, 이야기를 거들고 싶어도 나댄다는 말을 들을까봐 삼간다. 묻기 전에는 먼저 말하지 않고, 차라리 말을 안 하면 중간은 간다는 분위기에서 자랐다. 물론 말을 아끼는 것은 미덕이다. 말하기를 제대로 배운다는 것도 '계속해서 말하기'가 아니라 '꼭 해야 할 말을 제대로 하기'를 배우는 것이니까. 그러나 이렇게 말을 삼가도록 가르치는 전통이 오늘날 말을 해야 하는 순간에도 자신을 억눌러 말하기 불안 증세를 초래하는 것이 사실이다.

유정아의 서울대 말하기 강의

불안을 다스리는 4단계 방법

그렇다면 어떻게 이런 말하기 불안 증상을 통제할 수 있을까.

　일단 타인 앞에서 말하는 것이 마냥 편안하기만 한 사람은 없다는 것을 인식하는 일에서부터 시작할 수 있을 것이다.

　타인에게 나를 표현하고 자신이 면밀한 관찰의 대상이 되는 상황에서 그저 편안하기만 한 사람은 많지 않다. 그런 인간은 뻔뻔한 사람이다. 또한 조금의 긴장도 없이 편안하기만 해서는 발표를 포함해서 어떤 말하기도 잘 수행할 수 없다. 어느 정도의 긴장은 일을 잘 수행하기 위해 필요하다. 긴장은 잘만 다스리면 말하기 상황을 더욱 성공적으로 만들 수 있는 도구가 된다. 아무런 긴장 없이 늘어져 있는 사람이 시험인들 잘 치를 수 있겠는가.

　학기 초, 서로의 말하기 불안을 토로하고 듣는 시간은 학생들이 자신만의 고유한 불안을 제대로 분석하고 이해하게 하는 동시에 모두에게 '아, 남들도 다 불안해하고 어려워하는구나'라는 깨달음, 즉 안도를 준다. 이 안도가 그 수업의 주요 목적이기도 하다. 말할 때 불안을 느끼는 것은 지극히 정상임을 알고, 불안을 느끼게 하는 요소를 통제함으로써 좀더 활기차게 발표에 임할 수 있도록 훈련하는 것이다.

다음은 자신의 불안을 가능한 한 구체적으로 분석하는 것이다.

말하기 불안은 나만 겪는 것은 아니지만, 그중에서도 유난히 내가 민감하게 느끼는 불안이 있다. 나는 정확히 무엇이 두렵고 싫어 말하기를 꺼리게 되는 것인지, 제대로 규명되지 않은 애매한 불안과 공포를 논리적으로 분석해보면 문제를 좀더 명확하게 볼 수 있다. 우선 나를 불안하게 하는 요소들의 목록을 조목조목 써본다. '내가 ○○○한 짓을 저질러 ○○한 반응이 올까 두렵다'는 식으로 막연한 두려움을 구체화하는 것이다.

그중 가장 무서운 결과가 무엇인지 뽑아본다. 예를 들면 대학 교수들은 동료나 같은 연구 분야의 권위 있는 전문가가 자신, 혹은 자신이 내놓은 결과물에 대해 부정적인 평가를 내리는 것이 가장 두렵다고 한다(왜 안 그렇겠나). 그럴 땐 학회 발표 등을 사적인 자리에서 동료들과 나누는 대화의 확장된 개념으로 생각하거나 청중을 개인의 집합으로 보고 그중 서너 명을 대상으로 말한다고 생각해보면 한결 불안감이 덜어진다. 세상에는 비판적인 사람도 많지만 청중의 대부분은 너그럽고, 화자에게 지지를 보내는 사람들이 많다.

청중을 비판자가 아니라 수용자로 여기는 훈련을 하자. 그리고 '내가 어떻게 비칠까' '청중이 나를 좋아할까'보다 '내가 진심으로 좋은 것을 말하고 있는가'를 고민하라. 발표를 하기 위해 그 자리에 있는 것이 아니라 청중과 좋은 것을 '나누기 위해' 앞에 선 것이라고 생각해보자. 나의 생각과 지식 중 청중의 삶을 풍요롭게 하기 위해 나눌 수 있는 것은 어떤 것일지, 무엇을 나누는 것이 좋을지를 고민해보자. 나는 청중과 내가 아는 정보를 공유하거나 내가 선하다고 생각하는 주장을 설득하기 위해, 혹은 내가 꽤 쓸모가 있으니 나를 쓰시라고 권유하기 위해 앞에 선 것이니 그들과 나를 나누는 셈이 된다. 청중은 내가 생각하는 것만큼 남에게 가혹하지 않다. 실수하면 다음에 만회하면 된다.

사람들이 느끼는 각기 다른 두려움을 분류하다보면 결국 이 두려움이 최선을 다하고 싶다는 긍정적인 동기에서 비롯된 것임을 알게 된다. 잘하고 싶은데 자신의 높은 기준에 다다르지 못할 것 같은 두려움, 준비가 부족하다는 생각 등이 합세하는 것이다. 돌발 상황이 벌어질 수 있기 때문에 처음 계획대로 순조롭게 말하기가 쉽지 않다. 만약 준비가 부족하다는 생각이 들면 더 준비하면 된다. 그럴 수 없는 상황이라면 완벽한 준비에 대한 미련을 버리고 현재의 말하기에 최선을 다하는 것이 방책이다.

다음은 긴장 완화 기술을 이용해 불안에서 비롯된 몸의 변화에 대처하는 것이다.

숲에서 곰과 맞닥뜨렸을 때나 아이가 위험에 처한 순간을 마주한 어머니 등은 '투쟁 도주 반응fight-or-flight reaction'으로 놀라운 힘을 발휘해 위기를 극복하기도 하지만, 심리적인 위협 앞에서는 안절부절못하는 경우가 많다. 싸우지도 도망하지도 못하는 상황에서 아드레날린의 과다 분비, 근육 경직 등 불편하기 짝이 없는 신체적 징후와 직면하는 것이다. 아드레날린 과다는 사람을 흥분시키므로 발표 전 가벼운 산책이나 걷기로 몸을 편안하게 해준다. 심호흡이나 잠시 숨을 멈추는 방법 등으로 숨쉬기를 통제해보는 것도 마음을 진정시키는 데 도움이 된다.

손이 떨리면 다른 한 손으로 떨리는 손을 잡아주면 된다. 경련이 일면 "제가 너무 긴장을 했는지 눈에 경련이 다 오네요"라고 눙치며 오히려 솔직하게 터놓음으로써 편안히 넘어갈 수도 있다. 얼굴의 홍조와 열기는 심하지만 않다면 오히려 발표자를 돋보이게 해줄 수도 있다. 심장 박동은 발표 전 평상시의 심호흡으로 가다듬고, 연습할 곳이 있다면 큰 소리로 발성 연습을 한번 하고 들어가는 것도 좋다.

말의 흐름을 따라갈 수 있도록 키워드를 작게 메모해 손에 쥐고 발표하는 것도 좋은 방법이다. 준비한 말을 그대로 외워 읊거나 써온 것을 읽는 것은 자연스럽지도 않고, 귀에 잘 들어오지노 않는다. 눈맞춤은 꼭 해주고, 따뜻한 눈빛으로 청중을 삼분하여 왼쪽, 가운데, 오른쪽을 골고루 바라보고 눈을 맞추며 말한다. 청중 중에는 따스한 마음으로 눈맞춤해주는 사람이 꼭 있다. 이렇게 나를 주목하고 열심히 들어주는 사람과 눈을 맞추는 것도 마음의 안정에 도움이 된다.

유정아의 서울대 말하기 강의

마지막으로 긍정적인 사고를 유지하며 불안에 대항하는 방법이다.

이를테면 말하기를 잘 마치고 난 상황을 떠올려보는 것이다. 즉 성공을 시각화하는 것인데, 이런 식이다. '나는 침착하게 강단으로 나아가 청중을 향해 한번 씩 웃고 말을 시작할 것이다. 목소리는 강하고 자신감에 차 있을 것이다. 혹 말할 내용을 잊으면 메모를 내려다보고 주요 아이디어를 다시 한번 상기하면 될 것이다. 나는 내가 성실하게 준비해온 주제를 가지고 온화하고 자연스럽고 확신에 찬 어조로 청중과 소통하게 될 것이다.' 혹은 '나비처럼 주제로 날아들어가 벌처럼 쏘고 다시 아름다운 꽃에 사뿐히 내려앉을 것'이라는 식으로 좀더 문학적이고 추상적으로 그려볼 수도 있겠다. 긴박하고 심리적인 압박이 큰 상황에서는 전자의 구체적인 시각화가 더 도움이 된다.

자꾸 떠오르는 부정적인 생각들, 실수에 대한 기억, 자신이 말한 것에 대해 부정적으로 평가받았던 기억, 엉망으로 만들어버렸다는 지나친 자기비하 등은 앞에서 말한 훈련을 통해 '괜찮았네' '어, 또 괜찮았네' '잘했다고들 하네'와 같은 성공에 대한 기억이 쌓이면서 차차 옅어질 수 있다. 이렇게 새로운 시선으로 자신을 볼 수 있을 때 우리는 비로소 더 잘 말할 수 있을 뿐 아니라, 궁극적으로 좀더 행복하게 살 수 있을 것이다.

KEY

청중을 비판자가 아니라 수용자로 여기는 훈련을 하자. 그리고 '내가 어떻게 비칠까' '청중이 나를 좋아할까'라는 생각을 하기보다 '내가 신심으로 좋은 깃을 말하고 있는가'를 고민하라. 나의 경우, 바로 며칠 전에도 음악회 사회를 보며 시작 전 긴장을 느꼈으나 이내 생각했다. '늘 그렇듯이 내가 어떻게 보이는지가 중요한 자리가 아니다.' 주인공은 음악이니 그 좋은 음악을 잘 듣게 하기 위해 어떻게 그 사이를 이어가면 될까에 주목했다. 긴장은 조금씩 사라졌다. 그리고 잘 마쳤다. 모든 것은 대부분 잘 마쳐진다.

'침묵'이라는 아름다운 언어

인디언 부족 라코타는 말의 앞과 뒤에 오는 침묵을 소중하게 여겼다고 한다. 그들의 삶을 관찰한 오글라라 시욱스 부족의 추장 '서 있는 곰Standing Bear'은 이렇게 썼다.

대화는 결코 즉시 시작되지 않았고 서두르는 법도 없었다. 아무리 중요한 사안이라도 아무도 질문을 해대지 않았고 답변이 강요되지도 않았다. 생각할 시간에 바쳐지는 포즈pause는 진정으로 예의바른 대화의 시작이었다. 라코타족에게 침묵은 의미가 큰 것이었으며, 화자의 말이 시작되기 전 침묵의 공간에 대한 기다림은 말하는 자에 대한 존중과 정중함의 표현이었다.*

인디언들의 시대는 가고 세상은 와글와글 떠드는 자늘의 손에 들어와 있다. 그것도 영어로. 모두 리더십을 이야기하고 훌륭한 리더가 되기 위한 말하기와 읽기, 글쓰기의 중요성을 강조한다. 우리 모두 악다구니같이 그런 덕목들을 익혀 다들 리더가 되고 나면 대체 누가 남아 '따르는 자follower'가 되려는가 생각해본다. 리더들끼리의 격렬한 투쟁에서 도태된 이들이 패배감을 안고 억지로 따르려는지.

대화를 할 때 우리는 다른 사람의 말을 듣는 데 많은 시간을 보내면서도 제대로 듣기 위한 훈련에는 소홀한 편이다. 청력만 갖고 있으면 태어날 때부터 제대로 듣는 법을 안다고 가정하는 듯하다. 또한 말하기는 리더십, 듣기는 팔로워십followership이며 말하기는 적극적인 활동, 듣기는 수동적인 활동이라는 편견에 얽매여 있기도 하다. 그러나 제대로 듣는 일은 화자의 진정한 의도를 찾아내는 대단히 역동적인 활동이다.

제대로 듣지 못하는 자, 제대로 말할 수 없다. 질문을 던지고 답변을 듣지 않는 인터뷰어는 다음 질문을 던질 수 없다. 자신이 준

---

* Suzanne Osborn & Michael T. Motley, *Improving Communication*, Boston: Houghton Mifflin Company, 1999.

비한 말들만 머릿속에 가득한 연사는 청중의 즉시적인 요구를 센스 있게 파악해 스피치의 물꼬를 바꿔갈 수 없다. 국민의 말을 듣지 못하는 리더는 제대로 된 정책을 만들 수 없고, 그렇게 만든 정책에 대한 언사는 허공을 맴돌 뿐이다. 예전엔 기업에서 경영학 석사 출신에 수학적 학식이 풍부한 이들을 우대했다가, 시간이 흐르면서 제대로 말할 줄 아는 사람을 뽑았고, 요즘은 제대로 들을 줄 아는 사람을 뽑는다고 한다. 같은 회의 자리에서 같은 말을 듣고 나서 사람들이 부서로 돌아가 하는 일들이란 게 다 제각각이더란 것이다. 그만큼 말을 제대로 들을 줄 아는 사람이 몹시 귀하다는 것이다.

내가 아는 가까운 이 중에 회의에 참석하면 언제나 본질을 꿰뚫고 정리해 해결책을 제시하는 사람이 있다. 관찰해본 결과 타인의 말에 집중하는 능력과 감정이입능력이 뛰어난 데서 얻어진 결과였다. 타인의 말에 귀기울여 틀림없이 일을 처리하는 능력이란 진정한 리더가 기본으로 갖춰야 할 미덕이지 팔로워만의 덕목이 아니다.

"내가 어젯밤 우리 할머니를 죽였답니다"

미국의 프랭클린 루스벨트 대통령은 어느 날 백악관을 찾아온 한

군사 전문가와 대화를 나누었다. 그가 떠난 뒤 대통령은 비서에게 몹시 기분좋은 어조로 "그 사람 참 말 잘하는 사람이네"라고 했다고 한다. 하지만 그 전문가가 한 것이라곤 가만히 대통령의 말을 듣고 있다가 가끔씩 "그렇군요" "아, 네" "그렇게 생각할 수 있죠" 등으로 응수한 것뿐이었다.

루스벨트 대통령은 소통에 대한 관심, 특히 듣기에 대한 관심이 많았는지 또하나의 일화가 전해진다. 어느 날 아침 국무회의에 들어오는 각료들에게 평소에 하는 아침인사인 양 이런 말을 해보았다고 한다.

"내가 어젯밤 우리 할머니를 죽였답니다."

어떤 상황이 벌어졌을 것 같은가. 결론부터 말하자면 아무도 대통령의 말을 제대로 듣지 못했다고 한다. 아무렇지도 않은 표정에 아무렇지도 않은 말투로 엄청난 고백(실은 시험삼아 해본 거짓말)을 하는 최고 통수권자의 말에, 각료들은 마치 날씨 이야기나 진부한 인사에 대꾸하듯 평범한 아침인사로 대응했다는 것이다. "네, 참 좋죠", 혹은 "정말이요? 참 즐거웠겠군요", 혹은 "서도 잘 잤습니다. 감사합니다" 따위였을 것이다. 그만큼 귀기울여 다른 사람의 말을 듣지 않는 경우가 허다하다는 것이다. 이 일화를 접하면서 나 또한 거짓 응수나 집중한 척하기로 화자의 말에 응대한 경우가 얼마나 많았는지 되돌아보고 반성했다.

누구든 돌이켜보면 소통의 과정에서 제대로 듣지 못해 치른 크고 작은 대가가 있을 것이다. 말하기 자체의 문제보다 잘 듣지 못해 딴소리나 엉뚱한 짓을 하는 어이없는 실수를 저지르는 경우가 다반사이다. 듣기 능력을 개선하려면 먼저 자신이 왜 잘 들어야 하는지 듣기에 대한 동기를 부여하고, 잘 듣지 못하는 이유는 무엇인지 인식해야 한다.

이제 앞서 한 이야기들을 통해 듣는 것이 왜 중요한지 동기 부여가 되었다면, 듣기의 전 과정을 쪼개어 들여다보며 나의 듣기 중 어느 부분에 문제가 있는지 반추해보자.

듣기의 과정은 다음과 같다.

일단 청각적 자극을 구별하여 듣고 나면receiving, hearing

그 자극에 의미를 할당한 후understanding

나의 저장된 기억에서 무언가를 불러내어remembering

화자가 언어화한 메시지를 해석하고interpreting

그것을 판단해evaluating

그에 반응한다responding.

상대의 말을 들으면서 늘 우리가 거치는 과정이지만 순간순간 무의식적으로 흘려보내기 일쑤인 과정이니 영화의 한 장면을 상상해보면 좋을 것이다. 영화 〈일루셔니스트〉(2006)에서 호연을 펼친 에드워드 노턴이 고요하고 묘한 눈빛을 한 채 상대의 말을 듣는 장면을 느린 화면으로 떠올리며 듣는 과정을 살펴보자. 상대가 몇 마디를 건네는 그 짧은 순간에도 여러 잡념, 듣기를 방해하는 요소들이 개입함을 알 수 있다.

제대로 듣지 못하는 이유는 소음 등 물리적 잡음 외에 연사가 재미없다거나 주제가 어렵다는 생각, 메시지 대신 연사를 평가하는 버릇, 세부에 집중해 큰 흐름을 놓치는 경향, 듣고 싶은 것만 들으려는 습성, 동일시나 대조 등의 방해 요소들 때문이다. 듣기 능력은 이러한 방해물들을 제거하면서 향상될 수 있다. 그다음 감정적 반응을 제어하며 판단을 유보한 채 말의 핵심에 집중해서 듣는 것이다.

비판적 듣기 vs 구성적 듣기

하루 평균 두 시간 정도 운전을 하며 내 앞에서 달리는 수없이 많은 차를 보게 된다. 그런데 어느 날은 희한하게도 아침에 만난 그 흔치 않은 옛날 엑셀을 하루종일 만나거나, 하필이면 최신 포르셰를, 아니면 구형 SM5를 뒤에서 따라가게 되는 날들이 있다. 이런 경험, 혹은 이런 생각은 논리에 맞을까? 아니다. 한번 뇌리에 각인된 엑셀을 오후에 다시 한번 보게 되면 그 기억이 강화되고 거기다 한번 더 그 차종 뒤에 서게 되면 '오늘은 참 희한한 엑셀의 날'이라고 생각하는 것뿐이다. 즉 나는 내 앞을 지나는 수많은 자동차 중 그 차종을 필터링filtering하거나 스크리닝screening하고 있는 것이다.

누군가의 이야기를 들을 때, 그 사람의 말 중 틀린 부분을 발견했다고 하자. 나는 그의 이야기를 따라가면서 또한번의 실수를 맞닥뜨리고 이제 그가 하는 말은 전부 '실수투성이에 틀렸다'고 생각하게 된다. 그다음부터는 맞는 말, 잘한 말은 안 들리고 틀린 말만을 필터링하게 된다. 반대로 아주 재밌는 이야기로 귀가 확 틔고 나서 또 한번 웃음을 터뜨리고 나면 나는 아예 웃을 준비를 한 채 그의 이야기를 경청하게 된다.

우리는 진공 상태, 백지 상태에서 소통하는 것이 아니다. 경험과 입장, 처지가 다른 수많은 사람이 모여 말하고 듣는 것이기 때문에 이러저러한 심리적 잡음들이 개입해 얼마든지 제대로 듣지 못할 수 있다. 그와 나의 정치적 입장이 같은지 다른지, 여성에 대한 생각은 어떤지, 광신자는 아닌지, 혹 지난날의 상처로 날카로워져 있다거나 괜한 편견을 갖고 있는 것은 아닌지…… 이 모든 것이 심리적 잡음의 요인, 필터링의 이유가 된다.

만일 나와 공통분모가 많다면, 나는 그의 아주 작은 부분만 듣고도 그와 나를 동일시하게 될 확률이 크다. 반대로 만일 그가 많은 부분 나와 다르다면, 나와 의견이 다른 부분만을 골라 들으며 '거 봐, 내 저런 말 할 줄 알았어'라며 나와 대조시킨다. 나와 같은 생각을 가진 이의 다른 의견, 나와 다른 생각을 가진 이의 의미 있는 말들은 나의 인식에 자리하지 못한 채 아래로 흘러내려 사라진다. 같은 이야기를 같은 자리에서 함께 듣고도 사람마다 기억하는 부분이 다른 것은 그 때문이다.

이런 식으로 듣다보면 어떻게 될까. 상대나 주제를 제대로 이해하지 못하게 될 것이다. 받아들일 만한 유용한 정보도 얻지 못한다. 듣고 싶은 것만 들으며 완벽하게 맹신 또는 감정이입하거나 지적할 거리를 찾으며 비판만 하게 된다.

한때 비판적 듣기critical listening, 비판적 사고라는 말이 유행한 적이 있었다. 물론 진리를 탐구하는 데 두 사람 이상 필요하다는 사실에는 이론이 없다. 한 사람은 말하고, 다른 한 사람은 비판적으로 듣고 점검하고 수정하면서 올바르고 합리적인 결론에 도달할 수 있다. 그러나 이때 비판은 '비판을 위한 비판'에 머물러선 안 된다. 비판을 포함해서 피드백은 뚜렷한 목적 아래 이뤄져야 한다. 피드백은 말한 이에게서 보다 나은 것을 끄집어내기 위한 것이다. 우리는 거창한 진리는 아니더라도 함께 무언가를 만들어나가기 위해서 피드백을 주고받는다.

듣고 싶은 것만 듣는 필터링의 관성에서 탈피하여, 상대방의 말을 들을 때는 자신의 삶의 경험과 해석을 가미해 해석하고, 의문이 생기면 질문을 통해 확인하고 함께 대화를 확장할 수 있어야 제대로 말하고 들었다 할 수 있을 것이다. 그리고 이것이야말로 비판적 듣기를 넘어선 구성적 듣기, 건설적 듣기constructive listening라 하겠다.

말하기 전의 침묵은 말하는 사람이 생각하기 위한 시간이고, 말하고 나서의 침묵은 듣는 사람이 이해하기 위해 필요한 시간이다. 때로 말 중간의 침묵은 유창한 말보다 청중을 더 잘 환기할 수 있다.

음악을 음악이게 하는 것은 사이사이의 침묵이다. 소리를 더 듣기 좋게 만들어주는 침묵은 그림을 더 보기 좋게 만들어주는 여백과 같다. 침묵과 듣기라는, 수동적인 것처럼 보이는 활동은 실은 그림의 여백과 같은 필수 요소이다. 말하기는 듣기의 상대적 개념이 아니라 듣기를 포함한 폭넓은 개념으로 재정의되어야 한다. 말하기의 완성은 듣기이다.

수많은 말이 난무하는 시대, 말을 하는 것이 권력인 이 시대에, 라코타족의 침묵을 되새기며 인디언식 이름으로 '입 다물고 멀리 보는 나무'라는 이름 하나쯤 갖고 싶다. 진정한 팔로워로 남고 싶다.

2장

말은 몸으로 하는 것이다

나는 어떻게 말하고 싶은가

앞 장에서, 의사소통능력을 구성하는 요소들 중 궁극적으로 우리가 집중해야 할 것은 창조력, 인지복잡성, 적응성, 감정이입, 자기공개, 위트 등의 거시적이거나 중범위적인 구성요소들이지만, 이는 미시적인 구성요소들을 훈련함으로써 도달할 수 있다는 반가운 실험 결과들이 나와 있다는 언급을 하였다.

즉 어느 정도 유전자에 의해 결정될 것이 분명한 창조력, 적응성, 인지복잡성, 감정이입과 같은 덕목들이, 제대로 된 발성으로 'ㅏ' 'ㅐ' 'ㅔ' 등을 정확히 발음하거나 자신감이 느껴지는 자세와 눈맞춤을 익히고 유창하게 말하는 훈련을 함으로써 습득될 수 있다는 것이다. 늠름한 자세와 제대로 된 소리, 발음 등이 내면의 어떤 싹들을 건드린다고 해야 할까. 그 순간부터 훌륭한 그릇에 담기에 손색이 없는 내용에 대한 고민이 시작된다고 할까. 그래서 말하기 선생인 나는 오늘도 변함없이 각 학생들의 저마다 다른 창조력과 인지복잡성, 감정이입, 적응성 등을 염두에 둔 채, 발성과 발음과 말의 속도와 역동성, 어휘 선택, 주제 선정, 걸어나오는 동선과 서 있는 자세 등을 살펴주는 것이다.

그러나 교정을 권고한다 할지라도 어디까지나 의견을 제시하고 이런저런 가지를 쳐주는 것일 뿐, 내 생각이 정답이라고 할 수는 없다. 앞서 말했듯, 말을 잘하기 위해서는 이러저러한 것들이 충족되어야 한다고 기준을 정해 제시하기는 힘들다. 유창한 말솜씨, 정확한 발음과 힘있는 목소리, 안정감 있는 자세, 적당한 말의 속도와 어조 변화, 자신 있는 태도와 눈맞춤, 유연한 제스처 등 흔히 우리가 훌륭한 화자의 특질이라 여기는 능력들은 화자가 이를 제대로 체화하고 자연스럽게 표출할 때 빛을 발하는 것이다. 생각이나 내용보다 말재주가 앞서 화려한 언변이 허망하게 느껴지는 경우와 진땀을 흘리고 눈도 제대로 못 맞추지만 말하는 사람의 진심이 느껴지는 경우를 비교해보자. 누구의 말에 귀를 기울이게 되겠는가. 어떤 기준에 근거해 누가 말을 잘한다고 판단하겠는가.

자신만의 '아레테'를 과소평가하지 말 것

플라톤이 저술한 『소크라테스의 변명』을 보면 대략 다음과 같은 이야기가 나온다.

'만약 상대가 덕을 가지지 못했으면서도 덕을 가졌다고 주장한 다고 여겨지면, 나는 가치가 높은 것을 과소평가하고 가치가 낮은 것을 과대평가한다고 지적할 것입니다.'*

여기에서 '덕'은 그리스어 '아레테arete'의 역어로 우리가 흔히 쓰는 '덕德'의 의미라기보다는, '어떤 사물이 고유한 목적을 수행하는 데 필요한 탁월성'을 일컫는다. 자신에게 맞는 말하기를 하고 있지 않다면 그것은 자신만의 '아레테'를 과소평가한 것이며, 있지도 않은 객관적인 그 무엇(괜히 좋아 보이는 것)을 과대평가하고 있는 것이다.

사람은 자신이 가진 삶의 목표나 방식에 가장 잘 어울리는 방법과 태도로 말할 때 가장 탁월하게 소통할 수 있다. 그것이 그 사람 고유의 말의 덕인 것이다. 삶의 목적, 사고방식 같은 세계관과 인간관, 성격에 따라 사람은 모두 다르게 말할 수 있는 것이다. 유창하게 말하는 사람이 있는가 하면 투박하게 말하는 사람도 있고, 말을 할 때 영리함이 돋보이는 사람도 있으며, 말을 시작하기

---

* 플라톤, 『소크라테스의 변명』, 황문수 옮김, 문예출판사, 1999

도 전에 상대방을 유쾌하게 해주는 사람도 있다. 나는 어떻게 말하고 싶은가, 그 지향점은 나라는 사람의 특성과 잘 맞아떨어지는가.

다른 사람이 하면 형편없게 들리는 말하기 스타일도 나에게는 더할 나위 없이 잘 어울릴 수 있다. 말하는 스타일이 나와 어울리지 않는다는 생각이 든다면 교정을 통해 바꿔나가면 된다. 나아가 내가 구사하는 말하기의 특징이나 성격이 마음에 들지 않는다면 위에서 언급한 미시적 요소들 중 일부분을 바꿔볼 수도 있다. 무엇이든 노력을 통해 바꿀 수 있다는 점을 명심해야 한다.

KEY

소리와 언어를 바로잡으면 내면의 의사소통능력 또한 향상된다는 것, 이를 증명하는 경험들은 얼마나 즐거운 이야기인가. 절마당을 비질하는 동자승이 마침내 부처님의 도에 이르는 이야기만큼이나 반가운 장면이 아니겠는지. 게다가 그 소리와 언어가, 나아가서는 말하는 스타일에 정답이 있는 것이 아니라 가장 나다운 나의 것을 찾는 것이라니, 도에도 나에 맞는 도가 있다는 것처럼 해방감이 느껴지진 않는지. 이번 장에서는 나만의 도를 찾겠다며 야무지게 비질하는 꼬마스님의 마음으로 나의 진성과 좋은 발음을 찾기 위한 훈련을 해보자.

목소리 정체성—목소리 연주법

'Vocal Identity', 목소리 정체성이라는 개념이 있다. 사람이 자신이 낼 수 있는 최상의 목소리를 찾고 그 소리로 생활하면서 느끼는, 목소리로 인한 정체성 형성을 일컫는 것인데, 자신의 소리가 마음에 들 때 자신에 대한 자존감이 상당히 높아진다는 연구 결과가 있다. 그래서 배우만이 아니라 수많은 정치인, 법조인, 사업가 등이 보컬 트레이닝, 즉 발성 교육과 훈련을 거치는데, 나는 이러한 훈련이 비단 어떤 직종에만 필요한 것이 아니라고 생각한다. 모든 사람이 이런 훈련을 균등하게 받을 수 있어야 한다고 여긴다. 목소리의 힘을 믿기 때문이다.

배우라고 해서 처음부터 성대를 제대로 울리고 나오는 소리, 즉 진성을 내는 방법을 아는 것은 아니다. 이정재 배우가 진정한 배우가 되었다고 느꼈던 것은 영화 〈관상〉(2013)에서 수양대군을 연기할 때부터였다. 이전과 확연히 다른 발성을 통해 그는 수양 대군에 이르고 있었고, 좋은 배우의 길에 진정 접어든 듯했다.

안타깝게도 교육과정 중 제대로 된 발성법을 배우는 경우는 성 악가와 연극배우뿐인데, 두 분야 모두 마이크 확성 없이 자신의 생음으로 무대에서 객석 저 끝까지 소리가 도달해야 하는 경우이 다. 하지만 우리 모두는 인생이라는 무대에서 세상이라는 객석을 향해 제대로 된 소리를 내고 살아야 하는 바, 교육과정의 어느 단 계에서(변성기가 지나고 자신의 성인 목소리가 형성될 즈음이 가장 좋은 시기일 것이다) 자신의 보다 나은 목소리 정체성을 위한 발성 교육 이 꼭 필요하다고 생각한다.

마이크를 사용하는 아나운서나 성우들도 바른 언어를 바르게 사용하는 방법은 배우지만 발성은 제대로 배우지 않는다. 나의 경우 입사 초기 FM 라디오를 진행할 때 성악을 전공한 선배 프 로듀서를 만난 행운으로 내 원래 목소리를 알게 되었고(내 목소리 찾기라고나 할까), 강의할 때 당시 잘 알고 지내던 선배 연극배우를 특강강사로 모셔 발성의 기본과 훈련 방법을 익혔다. 글로 설명 하기에는 한계가 있지만 한번 잘 따라와보시기 바란다.

진성, 자신에게 가장 잘 맞는 소리를 찾는 법

나의 말을 하든 남의 말을 전하든, 내용만큼이나 중요한 것이 말을 담는 틀, 즉 '바른 소리'와 '바른 언어'이다. 말의 내용을 만드는 것은 의사소통능력의 거시적인 요소들이 좌우하며, 그 내용을 담는 틀을 갖추는 것은 미시적인 것들에 의해 좌우된다. 내용이 음식이라면 틀은 그것을 담는 그릇이라고 할 수 있겠다. 아무리 좋은 음식도 하찮은 그릇에 담기면 맛을 다하지 못하듯이 아무리 좋은 메시지를 가졌어도 바른 소리와 언어에 실리지 못하면 듣는 이에게 잘 전달되지 못한다. 바른 소리는 올바른 발성을 통해, 바른 언어는 올바른 언어 교육을 통해 얻어질 수 있다.

"많이 말하고 나면 목이 아픕니다."

"제가 말하면 다들 잘 안 들린다고 해서 점점 말할 자신이 없어져요."

"수다 떨 땐 괜찮은데 발표만 하려 하면 목이 메고 소리가 잘 안 나오니 왜 그러는지 모르겠어요."

모두 발성 문제이다. 진성이 아닌, 목만 써서 나온 가성으로 살아온 경우일 가능성이 크다. 소리가 만들어지는 지점인 조성점이 위로 올라가 있는 것이다. 음식은 잘 만들어졌는지 모르지만 제대로 된 그릇에 담지 못하니 아예 맛을 볼 수 없거나 요리가 빛을 발하지 못한다.

사람마다 발성기관의 생김새에 따라 음색이 모두 다른데, 발성 연습을 통해 자신에게 가장 잘 맞는 소리, 진성을 찾을 수 있다. 악기를 제대로 연주할 때 그 최상의 소리를 낼 수 있는 것과 마찬가지로 인간도 성대를 제대로 울려야 최고의 소리를 낼 수 있다.

바이올린과 사람의 조성기관을 비교해보자. 바깥에 있는 활이 바이올린 몸에 있는 현을 진동시키고, 그 소리가 바이올린의 동체를 통해 울리면서 바이올린이 소리를 낸다. 인간도 그와 같다. 폐에서 나온 공기가 활 역할을 한다. 그 공기가 바이올린의 현에 해당하는 성대를 자극하고 그 미약한 소리는 조성기관의 비어 있는 부분, 즉 공명강共鳴腔(비강, 구강, 흉강, 후두강 등)의 도움을 받아 비로소 힘있는 소리가 된다. 성대를 제대로 튕겨 본래 내 목소리를 내는 것은 내 성대에 대한 예의(!)이다. 내 몸이 바이올린이라고 생각하고 공기가 성대를 울리는 것을 느끼며 "아, 아"라고 소리를 내본다. 나의 성대와 그것을 자극하는 공기와 울림통을 느끼며 소리내어보는 것만으로도 올바른 발성의 시작이 될 수 있다.

소리가 나는 메커니즘을 알았으니, 다음은 발성의 제대로 된 자세이다. 발표 시 긴장하고 온몸에 힘이 들어가면 어깨가 올라가고 목이 눌리면서 성도가 좁아져 짓눌린 소리가 난다. 또한 긴장하지 않았더라도 어린 시절부터 큰 소리를 내는 것을 삼가거나 수줍음 때문에 내가 낼 수 있는 가장 큰 소리를 내보지 못하고 살아온 사람이 대다수이다. 큰 목소리의 진성을 낼 수 있는 사람은

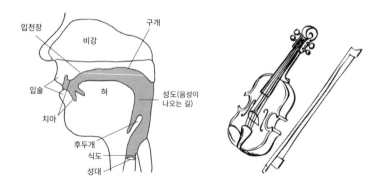

입천장 · 구개 · 비강 · 입술 · 혀 · 성도(음성이 나오는 길) · 치아 · 후두개 · 식도 · 성대

바이올린과 사람의 조성기관을 비교한 그림

작은 소리도 낼 수 있지만, 평생 작은 소리만 내본 사람은 제대로 된 큰 소리를 내지 못한다. 자신의 음색 안에서 가장 웅장하게 성대를 울리고 나오는 장대한 소리를 한 번도 내보지 못하고 죽는다는 것, 뭔가 억울하지 않은가.

일단 상체의 힘을 뺀다. 이때 '힘을 뺀다'는 것은 무절제하게 흐느적거리는 게 아니다. 불필요한 힘만 빼서 자연스러운 상태를 유지하고, 생기발랄한 긴장감을 갖추고 있어야 한다. 하반신, 특히 단전은 누가 쳐도 넘어가지 않을 정도로 단단해야 하며, 상체는 춤을 출 수 있을 정도로 유연해야 한다. 서 있을 때 양발은 반반씩의 힘으로 똑바로 서며(짝다리 노!) 발의 뒷부분보다는 자연스럽게 앞부분에 무게중심을 두는 것이 좋다(뒷전으로 물러선 느낌 노!). 앉아 있을 땐 발을 나란히 두기보다 발 한쪽을 살짝 앞으로 내밀면 횡격막이 내려가면서 공명강이 조금 넓어지는 효과가 있다. 턱을 조금 당기고 시선은 정면보다 조금 위쪽을 바라보는 것이 청중이 보기에 가장 좋은 자세이다. 또한 척추와 목뼈는 꺾이지 않도록 한다. 이는 빨대가 꺾이면 음료수가 제대로 안 올라오는 것과 같은 이치로, 성도를 통하는 공기의 흐름을 원활히 하는 것이다.

자세를 취했으면 턱을 쳐들지 말고 아랫배(정확히 말해 단전)에 힘을 모으고 입을 크게 벌린 채 "아 - "하고 길게 소리를 낸다. 될 수 있는 한 낮고 크게, 가슴과 가슴 사이 명치에 손을 대고 그것이 울리는지를 느끼며 길게 소리를 낸다. 명치에 울림이 있다면 공기가 그곳을 지나간다는 뜻으로 낮은 조성점의 진성을 내고 있다는 증거이고, 울림이 없다면 공기가 목까지만 왔다가 소리를 내는 가성이므로 다시 소리를 찾아본다. 아래에서 소리가 울리고 목으로는 그냥 공기와 소리가 지나간다는 느낌이라고 하겠다.

그 소리로 할 수 있는 한 길게 소리를 내본다. 사람마다 폐활량이 달라 소리의 지속 정도가 다를 수밖에 없다. 더이상 잇지 못할 것 같을 때 호흡을 하는 대신, 파도가 끊김 없이 밀려오듯 호흡 없이 그 소리에 다시 한번 힘을 실으면 소리를 좀더 유지할 수 있다. 내던 소리가 약해질 즈음에 다시 힘으로 다음 파도가 이전의 파도를 덮어씌우듯 소리에 소리를 덮어씌운다. 이를 반복한다. 몇 번 반복 후 그 호흡 없이 덮어씌우던 느낌을 기억해서 문장을 읽거나 다른 말을 해본다. 그때 발성기관의 근육이 조성점이 낮아질 때의 기억을 갖게 된다. 그 소리로 "아" 소리를 낸 후에 그 근육의 기억으로 문장을 읽어보고, 다시 같은 발성 연습을 하고 다음 문장을 읽으며 반복한다. 진성을 내고 사는 사람도 오랜 시간 이야기하거나 좀 급한 마음이 들거나 할 때 조성점이 올라간다. 나 또한 발성 수업중 강의하는 동안 높아진 조성점이 이 훈련을 시범 보이면서 바로잡히는 것을 실감한다.

살아오면서 지금까지 몇 십 년, 혹은 십수 년 목으로만 발성해 왔다면 몇 번의 발성 연습만으로 달라지지 않으리라 각오해야 할 것이다. 그래도 나의 진성을 찾고 싶은 마음이 간절하다면 내 소리에 파도를 실어보는 이 훈련을 끈기 있게 해보자. 어린 시절 집 나간 나의 진정한 목소리를 되찾을 수 있을 것이다. 이 발성 훈련법은 배우는 데 돈도 들지 않고 누구든 자유롭게 할 수 있는 어렵지 않은 일이다. 당신의 진정한 목소리 정체성을 찾는 소중한 작업에 건투를 빈다.

이러한 연습 끝에 나온 소리는 음색의 차이를 넘어 맑고 상대하여 멀리까지 울려퍼진다. 또 듣는 사람을 기분좋게 만드는 힘이 있다. 목으로만 낸 발성은 고운 목소리를 만들 수 있을지는 몰라도 시원하거나 힘이 느껴지지 않고, 오래 말하면 목이 아프다 (그렇게 전성시대를 보내고 목을 버린 성우들도 있다). 자신이 그렇다고 여겨진다면 집에서 이 훈련을 해보길 바란다. 가끔 형식이 내용을 바꾸듯, 내면에 닿아 있는, 단전을 울리고 나온 목소리가 그 사람의 사고와 세상을 향한 태도 자체를 바꿀 수도 있다.

'하반신은 누가 쳐도 넘어가지 않을 정도로 단단함을 견지하고 상체는 춤을 출 수도 있을 정도의 유연함'을 갖춘 올바른 발성의 자세는, 눈 오는 날의 운전, 오랜만의 스키, 자전거 타기, 좋은 스윙을 위한 골프 어드레스, 면접과 시험에 임하는 몸가짐 등과 같이 그대로 삶의 자세이기도 하다는 것이 나의 지론이다.

KEY

말은 마음으로 하는 것이 아니라 몸으로 하는 것이라고 할 수 있다. 마음가짐 만이 아니라 몸가짐이다. 대부분의 운동선수들이 발성이 좋은 이유는 운동 의 기본자세와 발성의 기본자세가 같기 때문이다. "운동만 해서 전 말을 못해 요"라는 체육 전공 제자들에게 늘 하던 말이다. 운동을 했기 때문에 말하기의 반은 이미 얻은 것이라고.

모든 것이 달라지는 발음의 중요성

"전두환 전 대통령이 오늘 **금-찰**에 소환됐습니다. (…) 시민단체들은 전 전 대통령의 위법사실에 대해 **중-확히** 규명하라고 촉구했습니다."(내가 뉴스를 진행하던 시절의 원고라 이미 뉴스가 아니라 역사임을 양해 부탁드린다.)

굵은 글씨는, 전직 대통령의 파렴치에 버금가게, 방송국 입사 전 아나운서들의 뉴스 리딩을 들으며 내가 소름끼쳐 했던 부분들이다. 입사해 연수를 받으면서, 정확한 발음은 모음에 따라 혀의 높낮이가 달라지는 '자고저字高低'에 의한 것이며, 우리 한글의 역사적·과학적 우수성을 입증하는 요소임을 알게 되었다.

훈민정음 창제 이후 국어의 성조를 표시하기 위해 문헌의 글자 왼쪽에 방점이 찍히게 되었는데, 세월이 흘러 발음이 변하면

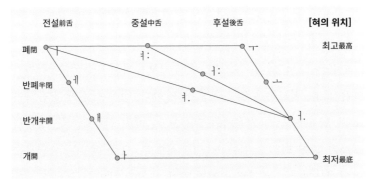

전설前舌　　　중설中舌　　　후설後舌　　　**[혀의 위치]**

최고最高

폐閉

반폐半閉

반개半開

개開

최저最底

모음사각도

서 오늘날의 고저장단이 자리잡게 되었다. 예전에 방영되었던 〈서울의 달〉이라는 드라마에서 희극적으로 묘사되었던 춤선생이 "서울, 대전, 대구, 부산, 찍고!" 하며 춤을 가르치던 기억이 난다. 올바른 모음의 발음도 댄스 스텝과 다를 게 없다. 발 대신 혀를 입 안의 제대로 된 위치(조음점)에 찍어주면 되는 것이다.

　모음사각도는 모음의 조음점들을 알려주는 그림이다. 왼쪽을 바라보고 섰다고 하면 입과 혀의 앞쪽이 왼쪽을 향한다. 혀의 앞쪽에 조음점이 있는 전설모음들은 'ㅏ''ㅐ''ㅔ''ㅣ' 네 개이다. 혀를 제일 아래쪽으로 내리는 'ㅏ' 모음은 입이 가장 크게 벌어지는 개모음이며 'ㅐ''ㅔ''ㅣ'로 혀를 조금씩 올려주면 입이 상대적으로 다물어진다. 서해안이라고 하자면, 'ㅐ'와 'ㅔ' 발음 구분이 잘 안 되는 사람은 군산과 서산쯤의 간격을 정확히 찍는 연습을 하면 도움이 될 것이다. 후설모음은 아래에서부터 'ㅓ''ㅗ''ㅜ'로, 부산, 울진, 강릉 순으로 올라간다.

발음의 고저장단을 보자면, 우선 고모음이란 혀를 찍는 위치가 높은 모음, 저모음은 낮은 모음을 말한다. 장음은 길게 발음하는 모음, 단음은 짧게 발음하는 모음으로, 예전 사전들에는 정확히 표시가 되어 있었으나(눈, 눈: 이런 식으로), 요즘 대부분 사용하는 인터넷사전에는 표기되어 있지 않아 아쉽다. 대개는 단음과 장음의 조음점은 같은 채로 그냥 길게 발음할 뿐이지만, 예외가 있다. 바로 세 모음 'ㅓ''ㅕ''ㅝ'이다. 단음이었던 저모음 'ㅓ''ㅕ''ㅝ'는 장음이 될 때 고모음으로 변하게 되는데, 그러니까 조음점이 높아지며 혀를 조금 위쪽에 위치시켜 발음하게 되는 것이다. 단모음 'ㅓ'가 장음 'ㅓ:'로 바뀌면서 혀를 위쪽으로 보내게 되면 이것이 중설모음의 최고점에 있는 'ㅡ' 발음의 조음점에 가까워져 일반인에게 '금-찰' '으-른' '증-확' 등으로 들리는 것이다.

우리말 음성표현에서 격을 나타내는 데 관건이 되는 고모음 'ㅓ:''ㅕ:' 등은 음성미학 면에서 장음과 함께 중후하고 장중하며 고상한 격을 표현해준다. 상대적으로 단음과 저모음에선 식물성의 산뜻한 담백함을 느낄 수 있다.

이러한 고저장단이 교차하며, 말은 멜로디와 리듬을 가진 음악처럼 미감을 가진 채 탄력성을 부여받는다. 어린이와 어:른, 여성과 여:당, 사랑과 사:람 등을 발음해보라. 현란한 춤 스텝도 정확히(증-확히!) 찍어주면 절도 있고 아름다운 미감을 갖듯, 발음도 혀만 제대로 찍어주면 듣기에 훨씬 좋아진다. 모든 글자의 고저장단을 외고 살진 못해도 한두 개의 대표적인 자고저와 장단을 구사하면 격조 있고 품위 있게 말한다는 인상을 주게 된다(장음과 고모음이 심해지지는 않도록 주의하자). 모든 음가들이 1:1:1로 발음되는 것이 아니라 '땅-디' '디땅-' 등 리듬감도 갖게 된다.

화자가 편한 쪽으로 자리잡아온 발음

한편 '의'라는 글자는 세 가지로 발음되는데, 맨 앞 글자로 왔을 때는 이중모음 'ㅢ'로, 뒤에 올 때는 'ㅣ'로, 소유격 조사로 쓰일 때는 'ㅔ'로 발음된다. 그러니까 '국민의 의사를 존중하는 민주주의의 나라'는, [궁민에 의사를 존중하는 민주주이에 나라]로 발음해야 한다. [민주주의의 나라] 라고 발음해보라. 얼마나 불필요하게 힘을 낭비하게 되는가. 발음은 말하는 사람이 편안한 쪽으로 자리잡아왔다. 사람의 발음이 명확히 들리는 것은 대개 지금까지 이야기한 모음의 조음점을 정확히 찍어서 정확하게 발음할 때이다.

앞서 언급한 전직 대통령처럼 대통령직 수행 시 행한 부정으로 감옥에 간 것이 아니라 [민주주이에 나라]를 위해 투쟁하다 수감된 경력이 있는 양 김 전 대통령들은 '의' 발음에 있어서는 한계가 있었다. 경기도 '의왕시'를 목포 출신 김대중 전 대통령은 '으앙시'로, 부산 출신 김영삼 전 대통령은 '이앙시'로 발음했는데, 이는 그분들이 태어나 살아온 지역의 방언과 연관이 있다 하겠다. 표준어와 방언의 차이는 조음점이나 악센트, 억양의 차이에서 온다.

그러나 발음의 부정확함을 지역 탓으로만 돌려선 안 된다. 지역을 막론하고 사람에게는 최대한 에너지를 덜 쓰려는 게으름 혹은 절약정신(!)이 있는데, 입을 크게 안 벌리고 말하려 한다거나, 이중모음을 스리슬쩍 단모음으로 발음해 얼렁뚱땅 넘어가려는 습관들이 그 예이다. 의왕시의 '앙' 발음은 그 절약정신에 기인한다. 몸에 밴 그 절약정신을 다시 점검해보아야 한다. 음가 하나하나를 정확하게 발음하려 노력하면 다시 말하지 않아도 될 뿐더러 '제대로 말하는 사람'이라는 인상도 줄 수 있다(이게 진정한 절약이다).

요즈음은 각 지역의 방언 사용이 자유로워져서 참 편안하다. 사회가 그만큼 개방되었다는 방증이라고 할 수 있을 것이다. 사적인 대화에서는 자유롭게 방언을 사용하고 공식적인 자리에서는 표준어를 구사하고 싶다면 조음점에 정확히 혀를 찍어주는 훈련으로 성과를 얻을 수 있을 것이다.

KEY

제대로 된 발성을 위해서는 조성점을 낮추고, 제대로 된 발음을 위해서는 입 안에서 조음점에 정확히 혀를 찍어 모음 발음을 해주면 된다.

낭독의 기술―강세, 억양, 속도에 유의하라

소리를 가다듬고 한 글자 한 글자의 음가를 제대로 발음하는 연습을 한 다음에는 하나의 말토막(한국어 발음의 기본 단위로, 낱말과 비슷하게 이해하면 된다)을 제대로 발음하고, 나아가 문장을 제대로 말하는 훈련을 해야 한다. 낱말을 말할 때는 강세에, 문장을 말할 때는 강약과 속도, 억양과 포즈pause에, 여러 문장을 말할 때는 포즈와 어조 변화에 유의해야 한다.

낱말을 말할 때는 강세를

우리말에 강세가 있는가? 이 질문에 대한 답은 '영어만큼은 아니지만 있다'는 것이 정답이다. 사람, 사랑, 바람, 방송, 아우, 아픔, 가르치다 등의 말에도 세지는 않지만 강세가 존재한다. 우리는 외국어인 영어를 배울 때 애써 악센트의 규칙을 외어야 했지만 영어가 모국어인 사람들은 일부러 외지 않아도 자연스럽게 악센트를 넣어 발음한다. 이처럼 서울에서 태어나 표준어를 배운 사람이면 누구나 자연스레 구사하는 강세가 있는 것이다. 그 규칙은 다음과 같다.

1. 한 말토막 안에서 맨 처음 오는 무거운 음절에 강세
2. 한 말토막 안에 무거운 음절이 없으면 그다음에 오는 가벼운 음절에 강세
3. 선행 음절이 단모음으로 끝나도 뒤에 오는 음절이 격음이나 경음으로 시작되면 그 앞 음절에 강세

이 어려운 말들은 다 무엇인가. 표준말을 구사하는 사람이라면 욀 필요까지는 없지만 나도 모르게 구사하고 있는 강세의 규칙을 알아두는 것도 좋을 것이다.

일단 무거운 음절이란 '장모음, 이중모음을 갖는 음절과 폐음절(자음으로 끝나는 음절, 쉽게 말해 받침이 있는 음절. '책' '밥' '숲' 등이다)'을 말한다. 'ㅏː' 'ㅓː' 등의 장모음, 'ㅑ' 'ㅢ' 'ㅖ' 등 이중모음을 갖는 음절이나 단모음이더라도 받침을 가졌으면 무거운 음절이

된다.

한편 가벼운 음절이란 무거운 음절의 여집합, 즉 받침이 없는, 단모음을 가진 음절을 가리킨다. 그러면 이제부터 우리말에서 강세를 표현하는 방법을 1번의 예부터 순서대로 살펴보며 읽어보자.

1. 사:람, 사랑, 바람, 오:후, 방:송, 인삼, 서낭당, 자동차, 새우등

각 말토막 안에서 가장 먼저 등장하는 무거운 음절은 각각, '사:, 랑, 람, 오:, 방:, 인, 낭, 동, 등'으로 말할 때 이들 음절에 강세가 들어간다.

2. 이마, 아우, 기러기, 그러나

위 단어들은 말토막 안에 무거운 음절이 없다. 장모음이나 이중모음이 없으며, 받침이 들어간 음절도 없다. 가벼운 음절로만 이루어진 단어들인 것이다. 이럴 때는 마지막에 오는 가벼운 음절, 즉 '마, 우, 기, 나'에 강세를 두면 된다.

3. 이끼, 어깨, 부뚜막, 아빠, 아저씨, 바퀴, 아픔, 사탕, 시치미, 가르치다, 가리키다

위 단어들은 앞의 두 규칙을 적용하면, 말토막 안에서 처음 오는 무거운 음절에 강세가 들어가야 하지만 그 음절의 자음이 격음이나 경음인 경우는 예외가 되어, 격음이나 경음의 바로 앞 음

절인 '이, 어, 부, 아, 저, 바, 아, 사, 시, 르, 리'에 강세가 들어간다.

우리말의 강세는 이렇듯 규칙을 알아두면 될 뿐 외거나 연습해야 할 것은 아니다. 규칙이란 이미 자연스럽게 구사하고 있는 것들을 수집하여 서술한 것일 따름이다.

문장을 말할 때는 억양과 강약, 속도 등을

한국어의 표준 억양은 대개 문장의 끝에서만 크지 않은 억양 변화가 있다. 문장 끝의 억양은 크게 서술문의 내림조와 의문문의 올림조로 대별된다. 내림조는 보통 서술문의 반내림조, 감정이 섞인 서술문의 완전 내림조, 사실 확인 투의 올림—내림조로 나뉘고, 올림조는 보통 의문문의 반올림조, 확인의문문의 완전 올림조, 놀라움을 표시하는 내림—올림조로 나뉜다.

'그 사람 갔어'라는 문장으로 한번 발화해본다면 억양 표현 또한 단어의 강세처럼 이미 구사하고 있음을 역시 알 수 있을 것이다. 표준어를 구사하는 사람이라면 놀랐을 때, 확인할 때, 감정이 섞였을 때 등에 따라 자연스레 구사한다. 어떤 사람의 말이 밋밋하게 느껴진다면 그것은 억양 없이 너무 단조롭게 말하기 때문이다. 이제부터 음가의 리듬감 외에 음악의 멜로디를 표현한다고 생각하면서 억양을 구사해보자.

다음은 문장의 강약이다. 문장 안에는 강하게 말할 부분과 약하게 말할 부분이 있다. 문장의 주성분과 어간이 잘 들려야 하고, 부속 성분과 어미, 조사, 접속사 등은 굳이 강조하지 않아도 된다. 중요한 부분 앞에서는 호흡 없이 포즈 후에 말하면 듣는 사람이 더욱 집중하게 된다.

포즈란 말을 하다가 잠시 공백을 두는 것인데, 듣는 사람은 이 짧은 시간 동안 방금 들은 말을 정리, 이해하고 다음 말을 들을 준비를 한다. 중요한 부분이나 이름, 숫자 등은 천천히, 그 외의 부분은 속도를 붙여 말한다. 이렇게 하면 부각해야 할 내용을 두드러지게 강조할 수 있다. 말하는 속도를 적절히 조절하면 말에 리듬감을 줄 수도 있다. 음악적·신체적 리듬감이 있는 사람이 말의 리듬감도 잘 살리는 경우가 많다.

일상에서 자연스럽게 자기가 하고 싶은 말을 할 때와 달리, 다른 사람의 글을 낭독하거나 미리 준비한 말을 읽을 때 모든 문장을 똑같은 어조로 줄줄 읽어내려가는 경우가 종종 있다. 간혹 텔레비전이나 라디오에서 뉴스 캐스터의 단신 뉴스 리딩을 들을 때, 그 내용은 머리에 잘 들어오지 않고 오히려 캐스터의 어조만 들리는 것을 경험해보셨는지. 이럴 때는 음계에 비유하자면 '미' 정도에서 시작해 '도'로 끝나는 문장이 끝없이 계속되는 것처럼 들린다. 그런 리딩을 듣다보면 내용은 어느새 그 의미를 잃고, 억양만 남게 된다. 이런 일을 피하기 위해서는 어구마다 높낮이를 달리함으로써 각 문장의 낭독에 멜로디를 부여할 필요가 있다.

마지막으로 중요한 것이 말의 명암이다. 말에 명암을 부여함으로써 내용에 대한 감정을 표현할 수 있는데, 너무 심하면 신파조가 되므로 감정을 적당히 실어 말하는 훈련이 필요하다. '쓸쓸하다'는 말을 쓸쓸하게 하지 않고 기쁘게 하면 느낌이 반감되며, '하늘로 솟구치는 기분'을 '땅으로 거꾸러지는 느낌'으로 읽으면 그 맛이 떨어지는 것이 당연하다.

지금까지 낭독의 표현 기교라 할 수 있는 말의 강세와 억양, 속도, 포즈, 어조 변화, 명암 등을 이야기했다. 하지만 기교는 기교일 뿐, 말하는 이의 절실함이 우선이다. 절실함이 있다면 그 모든 기교는 자연스레 말에 녹아들 수 있다.

지금 사랑하는 사람에게 단 한 번만 나의 말을 들려줄 기회가 있다고 상상해보라. 만일 나의 말 중 한 가지라도 틀리면 사랑이 이뤄질 수 없다고 생각해보라. 정말 그렇다면, 사랑하는 사람 앞에 선 사람은 중요한 부분을 강조하며 천천히, 포즈를 수면서 이야기할 것이다. 어조에도 변화를 주어 중요한 문장의 내용이 잘 들리도록 하고, 내용이 바뀌면 얼른 다음 내용으로 이어지도록 할 것이다. 슬픈 내용은 슬프게, 기쁜 내용은 기쁘게 전달할 것이다. 내 앞에 있는 사람에게 진정으로 어떤 말을 전달하려는 마음이야말로 살아 있는 말, '좋은 말하기'의 관건인 것이다.

KEY   낭독의 기술

하나, 문장의 주성분과 어간은 잘 들리게 말한다.

둘, 중요한 부분 앞에서는 포즈를 두어 듣는 사람이 집중하게 한다.

셋, 어구마다 높낮이를 달리하여 멜로디를 부여한다.

넷, 감정을 실어 내용을 실감나게 전달한다.

어떤 음식을 '말그릇'에 담을 것인가
—스피치와 대화의 주제 선정하기

소리와 언어를 가다듬었으면 이제 내용을 고민할 순서이다. 말의
주제를 선택하고 결정하는 과정을 두 꼭지로 점검해보겠다.

어느 해 학기 중반 무렵, 학생들의 발표 실습이 끝난 후 말했다.
"너희, 학기 초보다 참 많이 진화했구나." 내가 감지한 진화의 요체
는, 잘 말하기 위해서는 제대로 담을 것이 있어야 하며, 담기 위해
계속 채워나가야 한다는 것을 학생들이 체득해가고 있음이었다.

제대로 발성되어 나온 소리와 바른 발음이 말의 그릇이라면 그
안에 담길 내용은 음식 그 자체라 할 수 있겠다. 내용을 빛내기 위
한 그릇의 중요성을 간과해서도 안 되지만, 그릇만 신경쓰느라
정작 음식이 부실해서도 안 되는 것이다. 번쩍이는 그릇에 담긴
맛없는 요리는 가장 실망스러운 것 중 하나다. 내용 없는 말의 번

드르르함이야말로 예로부터 성현들이 경계한 것이었다.

말의 내용이 되는 스피치의 주제나 대화의 주제를 고를 때, 나의 말을 상대가 구매할 물건으로 대체해 생각해보면 그 내용과 수준이 적절한지 가늠해볼 수 있다. 내가 소비자라면 과연 이 물건(스피치, 말)을 사고 싶은지, 살 수 있는지를 생각해보는 것이다.

- 흥미로운 물건인가—이것이 듣고 싶은 이야기인가
- 필요한 물건인가—나에게 유용한 정보인가
- 너무 비싸지는 않은가—주제에는 흥미가 있으나 너무 어렵지 않은가
- 집에 이미 있는 물건인가—이미 다 아는 내용은 아닌가
- 언젠가 장만해야겠다고 생각했지만 꼭 지금 사야 하는 물건인가—지금 꼭 필요치 않은 정보는 아닌가
- 사고 싶지만 여기서 사는 게 옳은가—내가 과연 이 이야기를 하기에 적절한 사람인가

사실 모든 스피치는 화자—주제—청자의 관계를 긴밀히 따져보는 것으로 시작해야 한다. 나의 전문성이나 해당 주제에 대한 관심의 정도에 비추어 내가 꼭 이 말을 해야만 하는지 그 당위성과 적절성을 숙고해본다. 그저 할말이 없어서 한다거나 해야 하니까 하는 것이 아니라 내 앞의 사람들에게 정말 이 말을 전하고

싶은가를 곰곰이 생각해볼 필요가 있다. 그리고 이 주제가 청중에게 유용하고 들을 만한 것인지, 수준에 맞는지를 생각해보아야 한다. 화자가 꼭 필요하다고 생각하더라도 청자에게 도달하지 않는 스피치는 허공에 산산이 흩어질 뿐이다.

재미나 의미, 둘 중 하나는 필요하다

재미도 없고 유용하지도 않은 말을 어쩔 수 없이 들었던 기억이 누구에게나 있을 것이다. 말 고문만큼 견디기 힘든 것도 없다. 자신의 관심사가 곧 타인의 관심사라 착각하며 말을 독점하는 윗사람 앞에서 고개를 끄덕이며 딴생각을 해본 경험, 자신의 말이 듣는 사람의 가슴에 총알처럼 강렬하게 박히는 줄 알고 있을 화자 앞에서 속으로 '천만의 말씀'을 되뇌며 대체 저 사람은 왜 저럴까 답답해했던 기억 역시 흔할 것이다. 듣는 사람 입장에서 지루해하다 못해 주리를 틀었던 기억을 되살려보면 청자에게 유익하고 재미있는 내용을 전할 수 있게 준비하는 것이 화자의 의무임을 알게 된다.

한편 자신에게 필요한 주제는 재미가 없어도 듣는다. 그것이 왜 필요하고 어떤 일에 소용되는지를 안내해주면 필요한 줄 몰랐던 주제에도 새로 나온 생필품을 살펴보는 것처럼 집중하게 된다. 물론 재미있는 주제는 당연히 이목을 끈다. 사야 할 목록에 없었다 하더라도 자연스럽게 사치를 하게 될 수 있다.

그러나 청중 가운데 이미 내용을 숙지하고 있거나 지금 이 순간 그 주제에 집중하고 싶지 않은 사람이 끼어 있게 마련이다. 이럴 때는 해당 주제에 대해 한층 새롭고 깊이 있는 지식을 전달하면 된다. 이미 있는 물건이 구식이니 다시 장만해야겠다는 생각을 일깨울 수도 있기 때문이다. 또 미리 알아두면 좋을 요소를 제시함으로써 정보 습득을 미뤄온 청중을 끌어들일 수 있다. 주제와 관련된 자신의 경험을 이야기하거나 전문성을 보여주는 일, 청중을 따뜻한 마음가짐으로 대하는 태도 등은 신뢰를 구축해, 듣는 사람으로 하여금 '여기에서 사도 좋겠다(당신에게 이 이야기를 듣겠다)'는 마음이 들게 할 것이다.

청중의 눈높이에 맞춘 스피치는 그중에서도 가장 기본이라 할 수 있겠다. 아무리 유익하고 필요한 내용도 듣는 이에게 어려워 흡수되지 않으면 소용이 없게 되는 것이다.

해마다 5월이면 아이들의 학교에서 일일교사를 하곤 했는데 둘째가 초등학교 1학년이던 해의 경험이 뼈저리다. 초등학생들의 말하기 기본을 세워주겠다는 일념으로 박수를 받으며 당당히 교실에 들어선 나는 "근호는 축구 어디서 배워요?"로 시작된, 주제를 벗어난 1학년 꼬마들의 질문공세에 답변을 해주며 땀을 흘리기 시작했다. 마련해간 주제로 애써 들어서서는, 발성의 자세를 설명해주고자 한껏 높은 톤으로(거의 꺾인 소리까지 났었다) 단전의 위치를 묻는 질문을 던졌다.

"얘들아~ 배꼽 아래 3센티에 뭐가 있지?"

나의 질문에 답을 찾지 못한 아이들이 웅성대고 있을 때 어떤 아이가 불현듯 용기 내어 손을 높이 쳐들었다. 그리고 이렇게 대답했다.

"똥꼬요!"

순간, 아이들은 그럴 만도 하겠다는 생각이 들었다. 초등학교 1학년생들을 앞에 두고 '단전'이란 단어를 입에 올릴 생각을 한 나는 청중인 그들을 완전히 도외시한 연사였던 것이다.

대학에서 주제와 청중과 연사 간의 긴밀한 관계가 스피치의 관건이라며 강의해오던 나는 그야말로 말만 번드르르했던 나의 태도를 깊이 반성하며 땀으로 범벅이 된 웃옷을 벗었다.

KEY 물건에 비유한 스피치

• 흥미로운 물건인가—이것이 듣고 싶은 이야기인가

• 필요한 물건인가—유용한 정보인가

• 사고 싶지만 너무 비싸진 않은가—주제에는 흥미가 있으나 너무 어렵지 않은가

• 집에 이미 있는 물건인가—이미 다 아는 내용은 아닌가

• 언젠가 장만해야겠지만 지금이어야 하는가—지금 꼭 필요한 정보인가

• 사고 싶지만 여기서 사는 게 옳은가—나는 이 이야기를 하기에 적절한 사람인가

말을 앞두고 열어보는 머릿속 서랍, '토포이'

말할 내용을 생각하다보면 머릿속이 백지처럼 하얘지면서 아무런 아이디어도 떠오르지 않을 때가 있다. 그럴 땐 어떻게 해야 할까.

내 머릿속에 있는 생각의 장소, 생각의 서랍을 열어 일단 툭툭 생각들을 꺼내보아야 한다. 그러한 아이디어들이 모여 있는 생각의 장소를 '토포이'라고 한다. '토포이topoi'는 '장소'라는 뜻을 가진 그리스어로, 아리스토텔레스에 의해 스피치의 골격을 구성하는 주요 아이디어들의 집합이란 개념으로 확장되었다. 스피치에서 사용할 수 있는 유용한 아이디어들의 모임, 사고의 카테고리인 토포이를 하나하나의 방으로 여기며 문을 열어본다.

사실 보고나 보도를 위한 말을 앞두고 있다면 '육하원칙 토포이'의 방으로 들어가 누가, 언제, 어디서, 무엇을, 어떻게, 왜 했는지를 따져보는 틀을 갖춘다.

기존의 제도나 정책에 대한 새로운 대안을 제시할 때에는 '대안제시 토포이'의 방으로 들어가 여섯 가지 정도를 생각해보아야 한다. 문제, 심각성, 본질성(혹은 내재성), 해결력, 실현 가능성, 부작용 등이다.

어떤 대상을 설명하는 과정에서는 '속성 토포이'를 생각해본다. 존재/비존재, 생명력, 정도, 공간적 속성, 시간적 속성, 움직임, 형태, 변이력 등등 스무고개 놀이를 할 때 따져 묻는 질문들과 비슷한 성질의 카테고리이다.

두 대상이나 사건들의 관계에 대해 말하려 할 땐 '관계 토포이'를 생각해본다. 대상 중 하나가 다른 대상의 원인이 되어 그것을 초래하는 인과관계, 연관은 있지만 인과관계는 불명확한 모종의 상관관계(사람들은 상관관계가 있을 뿐인 두 사건을 인과관계로 치부하기를 즐긴다), 한 대상이 다른 대상의 일부분인 종속관계, 두 대상의 비슷하거나 다른 관계를 나타내는 유사—대조 관계, 한 대상이 존재함으로써 다른 대상의 존재를 가능케 하거나 불가능하게 하는 가능—불가능의 관계 등을 따져볼 수 있는 생각의 서랍을 연다.

설득적 말하기와 듣기를 위한 '대안제시 토포이'

스피치를 앞두고 앞에서 설명한 일반적인 토포이에 자신이 생각하는 주제를 대입해 브레인스토밍을 해본다. 그 가운데 새로운 대안을 제시하는 것이 중요한 정책 제안, 토론, 세일즈 등 설득하는 말하기를 앞두고 꼭 해야 할 것은 대안제시 토포이에 입각해 생각의 물꼬를 잡아보는 일이다. 그리고 이러한 설득적 말하기를 들을 때도 그 내용을 이에 입각해 꼼꼼히 따져본다. 대안제시 토포이를 자세히 살펴보겠다.

첫째, 문제 자체이다.

이는 문제를 인식하는 것을 말한다. 정책을 생각해보면 복잡할 수 있으니 개인의 문제로 환원해 생각해보겠다. '나는 연인이 있는데도 무척 외롭다'는 고민을 하고 있다. 그래서 대안으로 이 관계를 끝내고자 한다. 대안을 생각해본다는 건 현재 어떤 '문제'를 인식하고 있음을 말한다.

둘째, 심각성이다.

외로움이 사무쳐서 생활 전반에 침투하고 일을 하는 데 지장이 있고 정말 못 견딜 지경인가? 문제없는 인간, 문제없는 제도, 문제없는 정책은 없는데, 과연 이것이 최우선으로 대안을 마련해야 할 과제라고 할 만큼 심각한지 그 타당성을 생각해보아야 한다.

나의 문제이건, 사회적 문제이건 문제의 시급성에 따른 우선순위가 있다. 중요하지 않은 문제에 대한 숙고는 나와 사회 전반의 에너지 낭비가 될 때가 많다. '이승만 다시 생각하기'가 지금 우리 시대에 꼭 앞세울 만한 '문제'인지, 나의 외로움이 나의 다른 문제들에 비해 가장 심각하여 지금 그 해결을 꼭 해야만 하는 것인지 생각해본다.

셋째, 본질성, 내재성이다.

내가 직시하고 있는 외로움이란 문제가 이 상황의 본질적 문제인가를 생각해보는 것이다. 즉 나의 외로움이 그 사람과의 관계에 기인한 것인지, 아니면 그 바깥에 있는 나의 다른 문제들로부터 오는 것인지를 분간해야 한다. 천성적으로 외로움을 더 민감하게 느끼는 탓일 수도 있고 복잡하게 얽힌 다른 관계들 때문일 수도 있으며 내 일이 만족스럽지 않기에 일에서 느끼는 소외감이 외로움으로 느껴지는 것일 수도 있다. 이럴 경우 연인과의 관계를 끝낸다고 해서 나의 외로움은 해소되지 않으며 다른 연인을 만난다 해도 잠깐 새로운 관계에서 오는 열정을 느낄 뿐 이내 다시 외로워질 것은 자명하다. 내 문제인 외로움이 그와의 관계에 기인한 것이 아니기 때문이다.

넷째, 해결력이다.

이 관계를 끝내고 새로운 관계를 맺어보겠다는 대안이 해결력을 갖는가, 즉 새로운 관계가 내 외로움을 해결해줄 수 있는가를 생각해본다. 앞서 본질성을 숙고해본 결과 외로움의 연유가 다른 데 있었음을 안다면 자신이 생각했던 대안은 아무런 해결력이 없다는 결론을 내릴 수 있을 것이며, 외로움이 바로 그 관계에서 비롯한, 그에 내재한 문제라면 새로운 다른 관계가 잠재적 해결력을 가질 것이다.

다섯째, 실현 가능성을 생각해볼 차례이다.

그 연인이란 남편이나 아내일 수도 있다. 아이를 셋쯤 낳은 상태이며 이혼이란 죽음과 같다고 생각하는 사람이라면, 외로움만 선사하는 이 관계를 끊는다는 것이 잠재적 해결력은 가지고 있을지언정 실현 가능성은 0퍼센트에 가깝다고 하겠다. 이쯤에서 꾸던 백일몽을 접고 십자수나 검도에 몰두하며 외로움을 잊고 지내도록 애쓰는 것이 현실적 방책일 것이다. 그러나 우리가 여기서 잊지 말아야 할 것은 변하지 않는 건 없다는 것이다. 법도 바뀔 수 있으며 사람도 변할 수 있다. 상위법 때문에, 혹은 내가 원래 그런 사람이라서 실현 가능성이 아예 없다고 하는 것은 변화 가능성을 염두에 두지 않은 대단히 한시적인 이야기이다.

여섯째, 부작용을 고려해야 한다.

못 할 게 뭐 있느냐는 생각으로 실현 가능성까지 갖춘 대안이라 해서 부작용이 없는 것은 아니다. 만일 이혼을 대안으로 마련했다면 자식들 문제가 따를 것이며 경제생활도, 사회의 이목도 신경쓰일 것이다. 법적인 관계가 아닌 연인과의 관계 정리라 하더라도 이별한 다음에는 깊은 슬픔과 허탈감이 따를 것이다. 이때 부작용과 작용의 비교를 통해 부작용이 훨씬 더 적으면, 그것을 행하는 비용(부작용)을 지불하더라도 행하는 것이다.

이번에는 예나 지금이나 늘 해결난망한 대학입시제도의 문제를 대안제시 토포이에 대입해 생각해보자.

교육 문제를 해결하기 위한 대학입시의 대안을 놓고 정부와 대학, 국회는 늘 시끄럽다. 교육이란 자신과 자식의 문제, 후손과 국가의 미래를 위한 우리 국민 모두의 문제이며, 그렇기에 최우선적으로 다루어야 할 심각성을 가진 문제임에는 이견이 없을 것이다.

그러나 제시되고 있는 대안이 문제 해결력이 있는지, 그러니까 교육의 문제가 대학입시제도 개선으로 해결될 수 있는 것인지를 생각해보아야 한다. 지나친 사교육의 성행과 공교육 붕괴, 학생들의 경쟁 위주 학습 등이 입시제도를 바꾸어 해결될 수 있는 문제인지, 대안이 문제의 정곡을 짚고 있는지 생각해보아야 한다. 우리가 해결하고자 하는 교육 문제의 본질은 사실 대학입시제도를 조금 고친다고 해결되지 않을 것이다. 학력이 좋으면 돈이 따르고, 돈이 있으면 권력이 주어지고 명예가 주어지는 사회의 악순환 고리 속에서 교육 문제를 어설프게 대학입시제도 개선으로 풀려 하고 있는지도 모른다.

전 세계적 기후위기와 관련하여 대체에너지 개발을 대안으로 제시한 경우도 생각해보자.

첫째, 문제 자체. 대부분의 지구인이 이상기후로 인한 지구의 현상황을 문제로 생각하거나 현상황에 영향을 받는다. 온실가스 배출에 의한 지구온난화로 빙하가 녹으면서 해수면이 상승하고, 예전에는 관측되지 않았던 지구 곳곳의 이상기후들이 나타난다. 기상청의 연례 기후 보고서 등을 참고하여 문제를 인식하고 환기한다.

둘째, 심각성. 이것이 이전과는 질적으로 다르게 심각하다고 여길 만한 예시들을 살피고 그 입증을 따져봐야 한다.

셋째, 본질성. 이 위기가 지질학적·기상학적 흐름에서 볼 때 인간의 화석연료 사용이 만연한 삶에 기인한 것이라는 입증으로, 기후위기가 어디에 기인한 문제인가에 대한 공감대를 끌어내야 한다. 최근 국제지질학연합 층서소위원회는 현 지질시대인 홀로세를 인류세로 전환하는 안건을 부결했다. 인류세 도입이 성급한 주장이라는 판단이었으나, 그렇다고 해서 인간의 에너지활동이

지구에 남기는 흔적에 대한 성찰을 멈추어선 안 되리라.

넷째, 해결력. 그렇다면 어떻게 해결할 것인가. 인간이 삶을 영위하면서 이 위기를 타개, 혹은 축소하기 위해 할 수 있는 일이 무엇이 있는가를 고민해봐야 한다.

다섯째, 실현 가능성. 현실에서 실행할 수 있는 일인가. 인간이 석탄·석유 등 화석연료 없이 살 수 있는가, 혹은 대체에너지 사용이 현시점에서 어느 정도 가능한가(한국에너지공단의 에너지백서 등에서 재생에너지 잠재량 통계치 등 참고)를 생각해봐야 한다. 또한 현시점의 판단이 변화할 수 있다는 것을 염두에 두어야 한다.

여섯째, 부작용. 작용보다 부작용이 더 크지는 않은가. 신생에너지 개발로 인한 더 큰 환경 파괴나 소모는 없는가 등을 고려해보자.

단계마다 사람들의 생각이 다 다를 수 있다. 현재 기후위기가 인간의 화석연료 사용으로 인한 것이라고 할 수 없으며, 그것을 제한하는 것이 해결방안이 아니라고 생각하는 경우 등 각 단계마다 다른 의견을 지닌 타인들에게 내 생각을 말하기 위해서는 이 토포이들을 잡고 깊게 숙고하는 시간이 필요하다.

- **육하원칙 토포이**: 사실 보고나 보도를 위한 말을 앞두고 있다면 누가, 언제, 어디서, 무엇을, 어떻게, 왜 했는지를 따져보는 틀을 갖춘다.

- **대안제시 토포이**: 기존의 제도나 정책에 대한 새로운 대안을 제시할 때에는 문제, 심각성, 본질성, 해결력, 실현 가능성, 부작용 등을 고려한다.

- **속성 토포이**: 어떤 대상을 설명할 때는 존재/비존재, 생명력, 정도, 공간적 속성, 시간적 속성, 움직임, 형태, 변이력 등등을 살펴봐야 한다.

- **관계 토포이**: 두 대상이나 사건들의 관계에 대해 말하려 할 때는 대상 중 하나가 다른 대상의 원인이 되어 그것을 초래하는 '인과관계', 연관은 있지만 인과관계는 불명확한 모종의 '상관관계', 한 대상이 다른 대상의 일부분인 '종속 관계', 두 대상의 비슷하거나 다른 관계를 나타내는 '유사—대조 관계', 한 대상이 존재함으로써 다른 대상의 존재를 가능케 하거나 불가능하게 하는 '가능—불가능의 관계' 등을 따져볼 수 있는 생각의 서랍을 연다.

효과적 듣기를 위해 극복해야 할 잘못된 습관
—빈곤한 듣기poor listening의 유형들

사람의 듣기능력은 두 단계로 향상된다. 먼저 왜 제대로 들어야 하는지에 대한 동기부여가 정확하게 되는 것(남들이 중요하다니까 중요한가보다 생각하는 것이 아니라), 두번째는 나의 듣기의 문제점을 파악하고 교정해나가는 것이다.

1장의 플러스 스토리에서 듣기가 중요하다는 동기부여가 되었다면 2장의 플러스 스토리에서는 나의 잘못된 듣기 습관에 어떤 것들이 있는지 고찰해본다. 흔히 '푸어 리스닝'이라 일컬어지는 잘못된 듣기 습관들에는 다음과 같은 것들이 있다. 이 잘못된 듣기 유형들의 공통점은 상대의 메시지를 흘린다, 제대로 듣지 못한다는 것이다.

- **유사 듣기**pseudo-listening: 고개도 끄덕이고 미소도 보이는 등 주의를 기울여 듣는 척하면서 속으로는 딴생각을 하는 것이다. 요즘 이 용어를 배우자 듣기spouse-listening라고도 부른다는데, 왜 그런 용어를 가지게 되었는지 부부들은 다들 이해하는 모양이다.
- **선별적 듣기**selective listening: 관심이 있는 말에만 반응한다.
- **방어적 듣기**defensive listening: 10대는 부모가 자신을 늘 불신의 눈으로 본다고, 남편은 부인이 늘 돈 이야기만 한다고, 부모는 자식이 그들의 권위에 도전하는 말만 한다고 여기는 경우, 그 상대의 말을 들을 때 자신을 방어하며 변명거리를 생각하며 듣는다.
- **매복하기**ambushing: 주의깊게 듣되, 곧 공격할 주제를 찾으며 듣는다(법정에서 변호사가 반대측 증인을 심문하면서 듣는 태도를 생각해보면 이해가 쉬울 것이다).
- **고립적(차단적) 듣기**insulated listening: 선택적 듣기의 상대적 개념으로, 특정 화제나 듣고 싶지 않은 것을 듣지 않는다.
- **무감한 듣기**insensitive listening: 섬세하고 무의식적인 말과 제스처를 간파하지 못하는 것을 말한다. 상대의 말을 명확히 수용하지 못한다.
- **소통의 자아도취**stage hogging: 상대에게 귀기울이기보다는 대화의 주제를 자신의 것으로 만들어야 직성이 풀린다. 다른

사람의 말은 내가 이미 다 알고 있고 그가 무슨 말을 할지도 예측되며 내가 저들보다 더 중요한 사람이기에 내가 아는 것을 많이 말해야 사람들이 나의 훌륭함을 알 수 있다는 '잘못된' 가정에 기반한다. 생각해보라. 말을 계속 독점하는 사람을 참 훌륭하다고 생각했는가, 상황파악도 못하는 못난이라고 생각했는가.

누구나 위의 잘못된 듣기 습관을 어느 정도 가지고 있다. 여기에는 눈물겨운 이유들이 있다.

①우리는 하루에 참으로 많은 시간 과다한 메시지들을 들으며 살고 있으며 ②1분당 평균 말하는 단어가 100~140단어라면 평균 듣기는 600단어까지 할 수 있어 실은 얼마든지 타인의 말을 들을 때 딴생각을 할 시간적 여력이 있는 셈이며 ③물리적·심리적·의미적 잡음(앞서 소통의 요소 중 설명)에 노출되어 있고 ④내 생각이 낫다든가 내가 더 안다든가, 내가 말해야 나의 우월함을 알릴 수 있다든가 하는 잘못된 가정에 젖어들어 있는 사람들이 많으며 ⑤짧은 문장, 신속 응답, 자극적 영상 등 오늘날의 SNS 등 매체들의 영향으로 길고 깊은 호흡의 듣기가 어렵게 느껴지는 등 듣기를 방해하는 요소가 한두 가지가 아니다.

이러한 듣기 습관들을 하루아침에 개선하긴 쉽지 않겠지만, 심리적 잡음에 의한 선입견이건, 그가 말하는 걸 다 알고 있다는 오만한 생각이건, 딴생각에 접어들려고 할 때 그 남는 시간을 이렇게 써보시길 권장한다.

일단 메시지와 화자를 분리해 생각하고,
첫째, 나의 말로 바꿔가면서 들어보기.
둘째, 나의 필요를 창출하면서 들어보기(지금 당장 필요하지 않더라도 이 이야기를 들어두면 이것이 필요한 어떤 친구에게, 혹은 우리 아이에게 이런 이야기를 전해줄 수 있겠구나!).
셋째, 다른 관점에서도 생각해보기.

SPEECH

COMMUNICATION

DEI
LIST

INT
VII

PRESENTATION ATTITUDE

WORK
KEY
VOICE

2부

실전!
말하기 맞춤 강의

3장

말하기 맞춤 강의 1
대화

대화에도 순서가 있다

우리 앞의 많은 시간에 타인과의 대화가 놓여 있다. 아무리 스피치를 할 기회며 시간이 늘었다고 해도, 또 스피치가 내가 세상에 도달하는 주요한 길이긴 해도, 공적인 스피치를 할 일이 대화하는 일보다 빈번하게 생기진 않는다. 직업상 공적인 말하기를 주로 하는 사람일수록 청중 앞에서의 스피치보다 사적인 대화의 순간에 당황하고 어려워하는 경우도 있다. 공적인 스피치는 준비된 것이며 일방적이어서 자신이 대부분의 내용과 형식을 주도할 수 있으나 대화는 전혀 반대의 성격을 지니기 때문일 것이다.

매일매일 밥을 먹듯이 우리는 일상적으로 별생각 없이 대화에 임한다. 특별한 이와의 낭만적인 식사자리나 명절, 잔치 등이 아니라면 매일의 끼니에 늘 정신을 쏟고 살지 않는 것처럼, 대화는 그렇게 일상적으로 이뤄진다. 때로는 누군가에게 상처를 주고 때로는 누군가로부터 상처받으면서(말에 베이는 마음의 상처는 칼에 베이는 것보다 더 아프다는 것을 우리는 잘 알고 있다), 때로 땀 흘리고 힘들어하면서 우리는 의미가 오도되거나 의미를 잃어버린 언어들 사이를 유영한다.

그러나 매일의 끼니도 크게 한 달을 두고 큰 그림을 그려보거나 영리하게 요모조모 따져본다면 큰 힘 들이지 않고 지금의 식단을 개선할 수 있을 것이다. 무엇보다 함께 식사하는, 내가 차린 밥상을 받을 자식이나 가족에 대한 진심어린 마음이 있으면 끼니는 일상을 넘어 매 순간 풍요로운 성찬이 될 수 있을 것이다.

우리는 이 장에서 대화에 대해 그런 태도로 접근해볼 것이다. 메타적인 관점(위에서, 혹은 떨어져서 바라보기)에서 대화의 과정이 어떻게 진행되는가(밥이 어떻게 끓여지고 상이 어떻게 차려지는가)를 살펴보고, 결과적으로 어떻게 하면 보다 만족스럽고 효과적으로 대화에 참여할 수 있는가(어떻게 하면 보다 맛있는 밥상을 차릴 수 있는가)를 탐색해보는 것이다.

우리가 입으로 하는 세 가지가 있는데, 하나는 먹기요 다른 하나는 말하기이고 나머지 하나는 입맞춤이다. 늘 풍요로운 대화의 성찬 속에 정신적·감정적 포만감을 느끼고 그것이 서로에게 달콤한 입맞춤 같은 뒷맛을 남기게 되기를, 그러한 아름다운 대화자들이 되기를 기대한다.

대화의 5단계

대화란 두 사람 이상이 메시지를 교환하는 것을 말한다. 이즈음의 가장 보편적인 대화 채널은 SNS다. 사람들은 지리적인 지구상의 주소가 아닌 각자의 영혼의 주소를 스마트폰에 서너 개씩 가지고 상대의 영혼을 향해, 보내는 시간이 곧 받는 시간인 편지를 띄우거나 자신만의 우체통으로 실시간 배달된 편지를 받는다.

SNS, 이메일을 포함한 사이버상의 컴퓨터 매개 커뮤니케이션에 대해서는 여러 견해가 존재한다. 이것들은 대체 말인가, 글인가. 말에 대한 문자매체의 복수, 인쇄정신으로의 복귀, 합리적으로 작성되는 담화문의 회복인가, 아니면 새로운 형태의 구술이 탄생한 것인가. 가상세계에서의 대화가 현실에서의 대화를 편안하고 일상적이면서도 보다 의미 있는 것으로 이끌어줄 수 있으리라는 견해도 있고, 반면에 현실의 대화를 기피하며 컴퓨터 뒤에서 모습을 보이지 않고 하는 대화가 대화의 본질을 왜곡한다는 견해도 있다. 양면의 진실이라고 해야 할까. 전면에 나서기를 꺼리는 이들이 드러나지 않고 소통할 수 있는 수단이 생겨난 게 사실이지만, 앞에서도 언급했듯 이 수단으로의 쏠림현상 때문에 대면소통을 어려워하는 이들이 급격히 늘어나고 있다.

큐피드의 화살에 맞아 사랑에 빠진 경우를 제외하고, 아니 그러한 경우라 할지라도, 누군가가 좋아진다는 건 결국 그와 말이 잘 통하고 대화가 즐거울 때이다. SNS를 통한 대화가 현실에서의 대화를 대체하는지, 보완하는지, 아니면 훼손하는지를 떠나, 이 SNS 대화는 얼굴을 마주했을 때 고려해야 하는 잡다한 것을 걷어낸, 대화 그 자체를 생각해보게 한다.

가만히 생각해보면 대부분 대화를 통해 내린 판단으로 어떤 사람에 대한 호오를 구분하는 경우가 많다. 그 사람이 언제나 남의 말을 끊고 들어와 이야기를 하는 사람인지, 타인의 말에 늘 귀기울여주는 사람인지, 자기 말만 하는 사람인지, 이야기 내용에 두서가 있는지에 따라 그가 좋아지기도, 싫어지기도 하는 것이다.

그중 만나거나 전화 통화를 할 때, 혹은 SNS 대화를 나눌 때 늘 깔끔하고도 예의바른 느낌을 남기는 사람은 간단하게나마 대화의 단계를 제대로 지키는 경우가 대부분이다. 어찌 보면 소통자로서 나는 '나'라는 사람을 싸고 있는 나의 외연이 아니라 나의 온전한 내면 그 자체일 수 있음을 생각하며 대화의 단계를 짚어보자. 대화의 단계는 다음과 같다.

첫번째, 시작opening의 단계이다.

만났을 때 어떻게 지냈냐는 등의 인사말을 건네거나, 악수하고 미소짓기, 손 흔들기 등 반가움을 표현하는 것으로 대화는 시작된다. 전화나 SNS상에서도 마찬가지이다. "오랜만이다" "잘 있었니? 그래, 건강은 좋아?" 등의 인사말을 건네면서 대화는 시작된다. 인사는 늘 긍정적인 쪽이 좋다. "오랜만에 보니 너 참 많이 늙었구나"보다는 "참 편안해졌구나"가 나은 인사말인 건 당연한 것 같아 보여도, 꼭 귀에 거슬리는 인사말을 하는 사람들이 있다. 가벼운 인사용 질문에 자신의 속내를 지나치게 드러내는 것은 자제하는 편이 좋다.

두번째, 도입, 혹은 예고feedforward의 단계이다.

대화의 초점을 어디에 맞출지 기본 윤곽을 상대에게 알리는 과정이다. 대화의 톤이 어떠할 것인지 상대방이 감을 잡도록 한다. "얘기하는 데 시간이 많이 걸리진 않을 거야", 혹은 "누구누구에 대한 얘긴데 조심스럽긴 하다" 등의 말이 오갈 것이다.

세번째, 본론business의 단계이다.

용건에 해당한다. 대화의 실질, 초점이 되는 부분이다. 가끔 정작 본론을 짚지 못하고 빙글빙글 도는 경우가 있는데 그러면 서로가 피곤해진다.

네번째, 피드백feedback의 단계이다.

용건이 끝났다는 신호를 보내는 단계이다. "그러니까 그에게 안부 전화 한 통 해줘" "내가 예약해놓을게" 등으로 용건을 마무리한다.

다섯번째, 끝인사closing이다.

서로 오간 이야기를 정리하고 마감한다. 대개 대화를 반추하고 요약하며 "즐거운 대화였어" 같은 말로 가벼운 감상을 전하거나 즐거운 대화를 마무리해야 함을 알리며 양해를 구하고 훗날 다시 이야기를 나눌 것을 암시한다.

모든 대화가 이렇듯 확실한 단계를 거쳐 진행되는 것은 아니고 몇 단계가 생략되는 경우도 많다. 그러나 한번 반추해보라. 반가운 인사로 시작해 어떤 주제로 이야기할지 감을 잡고 이야기를 나눈 후 적절하게 대화를 마감하고 다음을 기약하는 따뜻한 인사로 끝나는 대화의 시간을. 반면 다짜고짜 용건부터 말하는 대화 상대자나 일방적으로 대화를 끝내고 자리를 뜨거나 전화를 끊는 상대로 인해 다소 불쾌했던 경험도 있을 것이다. 그러한 경험이 중첩되면 그 상대는 그다지 좋지 않은 사람으로 기억되기 쉽고 그와는 다시 대화하고 싶어지지 않는다.

패턴을 따르다가 대화의 경험이 진부해져서는 안 되겠지만, 어느 정도 단계를 밟아 용건에 이르고, 용건에서 파생되는 이야기들이 자연스럽게 오갈 때 우리의 대화는 좀더 유쾌하고 기분좋은 경험이 될 수 있다.

KEY 말이란?

내가 어떤 사람인가는 어떤 대화를 하는 사람인가로 판단되기도 한다. 한 달의 식단을 짜듯, 아니 그날그날의 식단을 짜듯 무엇을, 어떤 방법으로, 잘 말할 것인가를 항상 고민하자. 대화 내용을 숙고하면 생각을 정리하는 데도 도움이 된다.

대화의 단계

• **시작:** 긍정적이되 가벼운 인사용 질문에 속내를 지나치게 드러내지 않는다.

• **도입:** 대화의 내용과 톤이 어떠할 것인지 상대방이 감을 잡도록 한다.

• **본론:** 대화의 실질, 초점이 되는 부분을 명확히 전달한다.

• **피드백:** 용건이 끝났다는 신호를 보내고 마무리한다.

• **끝인사:** 가벼운 감상을 말하거나 훗날 또다른 대화를 기약한다.

모두가 대화하고 싶어하는 사람들의 공통점

청자와 화자의 역할이 계속해서 바뀌는 것이 대화의 특징이다. 스피치와 같은 일방적인 말하기에서는 이러한 역할 변동이 없다. 화자는 화자이고 청자는 청자인 것이다. 대화는 이러한 역할의 순환과 분담이 원활히 이루어질 때 물 흐르듯 편안하게 흘러갈 수 있다.

대화가 지속되려면 일방적으로 계속 말하거나 묵묵히 듣고 있어선 안 된다. 적절한 순간에 말하기를 멈추고 상대에게 말할 기회를 넘겨야 할 때가 있는 한편, 상대방의 말을 듣고 있다가 적절하게 바통을 넘겨받기도 해야 한다. 이러한 주고받기가 원활하지 않았던 때를 상기해보라. 자기만 계속해서 말하는 사람, 혹은 대꾸해야 할 타이밍에 아무 반응이 없는 사람, 이제는 자신이 말하겠다는 제스처도 없이 상대의 말을 끊는 사람 등, 흐름이 자연스럽지 못하면 함께 대화를 하고 싶어지지 않는다.

나는 타인들이 함께 대화하고 싶어하는 사람인가, 대화를 기피하는 인물인가. 어떤 사람과는 대화가 마치 훌륭한 음악 연주처럼 매끄러운데, 어떤 사람과는 1분이 10년같이 길고 힘들다. 대개 타인에게 기쁨과 만족을 주는 대화자는 대화에서 화자와 청자의 역할이 순환되어야 한다는 점을 잘 인식하고 있는 사람인 경우가 많다. 재미있는 이야기라는 생각에서 계속해서 자신만 말하기를 주도하는 사람이 아니다(자신에게나 재밌는 이야기일 수도 있으며, 아무리 재미있는 이야기도 과하게 지속될 때에는 재미있지 않고, 말하는 사람의 태도가 나쁘면 계속하길 아무도 바라지 않는다는 것을 알아야 한다).

화자의 두 가지 큐

그렇다면 대화에서 적당한 역할 전환의 시점은 어느 때인가. 대화 참여자의 신호인 화자의 큐와 청자의 큐를 잘 읽어 말을 얼마나 적절히 넘기고 이어받느냐가 대화의 흐름을 원활하게 하는 관건이다. 이 '큐'를 제대로 알고 있으면 상대방에게 호감을 주게 된다. 그러나 반대로 큐를 잘못 읽고 끼어들거나 적당한 순간에 말을 잇지 못하면 버릇없는 사람으로 인식되거나 짜증을 유발할 수도 있다.

먼저 말하는 사람, 화자의 큐를 보자. 여기에는 말하는 상태를 유지하려는 큐와 차례를 넘기려는 큐가 있다.

화자의 역할을 유지하겠다는 큐는 하고 싶은 말이 남았다는 의사를 드러내는 것이다. 들릴 정도로 숨을 크게 들이마시거나 억양을 내리지 않는 것, 제스처를 계속하는 것은 화자가 말할 게 더 남아 있다는 뜻이다. 청자와의 눈맞춤을 피하는 것은 화자의 역할을 넘기지 않으려는 행동이며, "음" "저기" 등의 휴지休止는 청자가 말 중간에 끼어들지 못하게 하거나 화자가 아직 말하고 있다는 것을 보여주는 장치이다.

차례를 넘기려는 큐는 이제 말을 끝내고 화자의 역할을 청자에게 넘기겠다는 의사 표시이다. 좌중의 한 청자에게 말할 차례를 넘기고자 할 때는 그를 바라보며 "그렇죠?" "어떻습니까?" 등 간단한 질문을 던진다. 혹은 억양을 내림으로써, 침묵을 유지함으로써, 청자와 직접 눈을 마주침으로써, 그를 보고 고개를 끄덕임으로써 화자의 역할을 넘긴다. 이때 청자가 화자의 역할을 맡겠다는 신호를 보이면 대화가 지속될 수 있다. 이것이 매끄럽지 못하다면 양쪽 모두에게 책임이 있는 것이다.

미국에서 결혼한 커플을 대상으로 대화에 대한 조사를 했더니, 대화를 더이상 잇지 못하게 하는 요인으로 '무응답'이 가장 많이 꼽혔다. 그 뒤를 이어서 느린 응답, 지나치게 짧은 응답 등도 주요인으로 포함됐다. 또다른 요인은 끼어들기였다. 또 여성보다는 남성이 이 같은 실수를 하는 경우가 더 잦은 것으로 조사되었다 (무감한 듣기, 감정이입능력의 부족 등 소통 상황에서의 무심함으로 인한 잘못이 남성에게서 더 빈번히 나타나는 이유는 다들 짐작할 수 있을 것이다. 아무래도 살면서 타인의 심정을 읽지 않아도 되는 경우가 많았던, 즉 역사 속에서 강자로 지내온 시간이 더 길었던 때문일 것이다).

청자의 세 가지 큐

이번에는 청자의 큐이다. 청자의 큐는 차례를 요구하는 큐, 차례를 거부하는 큐, 비공식적 큐 등으로 나누어볼 수 있다.

먼저 차례를 요구하는 큐는 말하겠다는 의사를 표시하는 것이다. 말할 것이 있다고 직접 말하거나, "음" "저" 등의 소리를 냄으로써, 입을 벌리거나 눈빛을 보냄으로써, 손동작을 하거나 몸을 앞으로 내밀면서 화자가 될 것을 요구할 수 있다.

차례를 거부하는 큐는 화자의 역할을 맡지 않겠다는 의사의 표시이다. 눈맞춤을 피하거나 대화와 상관없는 행동, 즉 기침을 하거나 코를 푸는 행동 등은 말하지 않겠다는 의사표현이 되기도 한다.

이 밖에 청자들은 여러 가지 비공식적 큐를 활용한다. 이를 통해 말 없이도 의사를 전달할 수 있다. 미소로 동의를, 찡그림으로 회의적이거나 동의하지 않음을, '맞아'라는 맞장구로 승인을, '절대'라는 부정으로 승인하지 못함을 표현할 수 있다. 청자가 느끼는 지루함의 정도를 화자는 청자와의 눈맞춤이나 몸을 앞으로 내민 정도, 집중하는 태도 등으로 파악할 수 있다. 지루할 때 청자는 뒤로 기대거나, 눈맞춤을 피하고 산만한 태도를 보인다.

청자의 비공식적 큐를 통해 화자는 말의 속도도 조절할 수 있다. 청자가 계속해서 고개를 빨리 끄덕이면 화자는 말의 속도를 높여야 하며, 청자가 귀에 손을 가져다 댈 때는 소리를 높이거나 속도를 줄여야 한다.

이야기를 보다 명확히 해달라는 요구는 난감한 얼굴 표정(엉킨 실타래 같다고 나는 표현한다)이나 이어지는 질문 등으로 알아챌 수 있다. 때로 이러한 비공식적 큐는 화자에게 방해나 간섭이 될 수 있지만, 다시 생각해보면 청중이 당신의 말을 듣고 있다는 증거가 되기도 한다. 이러한 비공식적 큐에서 감추어진 상대의 마음을 잘 파악하여 흐름을 원활하게 이끌어갈 수 있는 사람이 유능한 대화 참여자이다.

실제로 미국의 10세 소녀를 대상으로 이러한 큐를 이용하여 대화를 이끄는 법을 교육하고 나자, 이 어린이에 대한 급우의 호감도가 눈에 띄게 높아졌다는 실험 결과가 있다. 소녀가 따른 대화의 네 가지 기법은 적합하게 대화의 차례를 넘기고, 상대방에게 적절한 요구를 하고, 자신이 말할 차례가 왔을 때 지체 없이 반응하고, 대화의 논리를 따르라는 것이었다.

이러한 것이 바로 대화의 센스라고 할 수 있을 것이다. 이처럼 작지만 큰 대화의 기술은 타인과의 상호작용에서 만족과 기쁨을 얻도록 해준다. 물론 문화에 따라 대화법이 각기 달라 인사를 아주 짧게 하거나 혹은 의전적이고 격식을 차려야 하는 경우도 있다. 지나치게 다정하게 구는 것, 너무 격식을 차리는 것, 너무 앞서나가는 것 등도 상대에 따라서는 대화를 방해하는 요소가 될 수 있다는 것도 고려해야 한다.

KEY

대화 참여자의 신호인 '화자의 큐'와 '청자의 큐'를 잘 읽어 말을 얼마나 적절히 넘기고 이어받느냐가 대화의 흐름을 원활하게 하는 관건이다. 화자의 큐는 말하는 상태를 유지하려는 큐와 차례를 넘기려는 큐가 있으며, 청자의 큐는 차례를 요구하는 큐, 차례를 거부하는 큐, 비공식적 큐 등으로 나누어볼 수 있다.

유정아의 서울대 말하기 강의

대화의 품격 갖추기

대화의 단계와 차례를 넘기는 방법을 알아보았다. 이제 실제로 대화할 때 어떤 점들을 고려하면 좋을지 생각해보자. 대화의 품격을 갖추기 위한 기법과 그러한 기법을 다루는 기법으로 나누어 살펴보자. 먼저 대화의 품격을 갖추기 위한 기법을 알아보고, 이후 그 기법을 다루는 기법을 알아보겠다.

대화의 품격을 키우는 기법

대화의 품격을 키우는 기법에는 개방성 지니기, 감정이입하기, 긍정적 태도 갖기, 즉시성(함께함) 조성하기, 상호작용 관리, 표현력 높이기, 타인지향성 갖기 등이 있다.

이 모든 대화의 기법은 그것을 드러내 보이기 위해 존재하는 것이 아니라 이를 염두에 두고 대화의 흐름과 자기 자신을 다스리라고 존재하는 것임을 명심해야 한다. 이러한 기법 중 자신이 어떤 점에 충실하고, 어떤 부분은 부족하며 어떤 부분은 심지어 고려조차 하지 않았는지 점검해보자.

첫째, 개방성이다.

서로 소통을 통해 각자의 자아를 열고 넓힐 수 있으려면 어느 정도 자신을 드러내야 함을 앞서 이야기했다. 자신을 드러내지 않고는 대화가 이어질 수 없으며 깊은 소통을 할 수 없을 것이다. 흔히들 '속내'라고 하는 자신의 이야기를 모두 다 할 수도, 할 필요도 없지만 적절한 정도의 공개 혹은 노출은 필요하다. 또한 상대의 자기공개를 적극적으로 받아들이고 솔직하게 반응하는 것이 좋다. 그것은 상대의 '깨닫지 못한 자아'를 줄이고 '열린 자아'를 넓혀주는 하나의 피드백이 되는 것이다.

둘째, 감정이입이란 상대의 입장이 되어 상대의 관점으로 같은 감정을 느낄 줄 아는 것을 의미한다.

감정이입은 상대가 긍정적 발언을 할 때 쉽게 이뤄지며, 문화 차이가 있을 경우 감정이입이 쉽지 않은 것은 당연한 일이다. 감정이입이 쉽지 않을 때는 일단 판단과 평가를 유보할 수 있어야 한다. 또한 상대는 '혼합된 메시지(두 개 이상의 뜻을 지닌 말, 혹은 진의를 숨긴 말)'를 사용할 수도 있다는 것을 염두에 두어야 한다. 예를 들면 "난 괜찮다. 도와주지 않아도 된다"라거나 "전혀 방해가 되지 않는다"라는 말을 문자 그대로 받아들이지 말아야 할 경우가 있는 것이다. 전후 관계와 비언어적 메시지를 잘 고려하여 상대의 입장이 되어보려고 노력해야 한다. 그러다보면 상대방이 전하는 혼합된 메시지를 읽어나갈 수 있을 것이다. 제발 도와달라거나 엄청난 방해를 받고 있다는 숨겨진 진의 말이다. 그리고 내가 상대방에게 감정이입하고 있다는 것을 표현할 줄도 알아야 한다. 눈맞춤을 유지해 상대방의 말에 흥미를 보이고, "맞아" "그렇지" 등 박차를 가하는 짧은 말로 추임새를 넣어주면 공감하는 마음을 표현할 수 있다.

셋째, 긍정적 태도를 갖고 있으면 같은 말도 좀더 긍정적으로 할 수 있다.

"줄무늬 옷이 안 어울린다"는 말도 "무늬 없는 옷이 참 잘 어울린다"는 말로 대체할 수 있다. 대화란 기본적으로 상대를 위무하고 어루만지는 것이라는 생각을 해본 적이 있는지. 상대방에게 "함께하니 참 좋다"라는 따뜻한 말 한마디 혹은 포옹이나 미소 등 몸짓과 표정으로 그런 마음을 표현하면서 대화에 임하자. 대화하

며 보내는 애정어린 시선 한 줄기에 상대는 일생의 힘을 얻을 수
도 있는 것이다.

넷째, 즉시성이란 대화의 순간에 함께 있다는 감정을 조성하는
것을 말한다.

늘 대화의 중심에서 조금 떨어져 한편에 물러나 있는 사람들
이 있다. 그러한 사람은 기억에 잘 남지 않는다. 적극적으로 대화
에 합류하는 화자 또는 청자는 화제에 집중하는 자세와 미소, 눈
맞춤 등을 통해 '지금' '여기' '우리에게' 흥미를 쏟고 주의를 기울
이고 있음을 표현한다. 신체적 친밀성을 표현해 심리적 친밀성을
유도하거나 스스럼없이 진취적이고 개방적인 자세를 유지하는
일, 상대의 이름을 불러주는 것, 상대방에 대한 관심과 배려, 상
대가 말한 것을 이해했음을 나타내는 질문 등이 대화의 즐거움을
유발하는 요소들이다.

다섯째, 상호작용 관리란 대화 참여자들이 모두 함께 화자와
청자의 역할을 교환하며 말할 기회를 주고받도록 하는 것을 의미
한다.

대화 중에는 자발적으로든 비자발적으로든 무시당한다고 생
각하거나 반대로 혼자서만 무대 위에 있는 것처럼 말할 기회를
독점하는 사람들이 있을 수 있다. 그런 사람들이 없어야 대화가

원활했다고 말할 수 있다. 말할 때 자꾸 끼어들거나 혼자서만 말하기에 집중하는 사람들을 좀 자제시키고 대화에서 동떨어져 있는 사람의 참여를 유도할 줄 알아야 한다.

여섯째, 표현력이란 대화에 적극적으로 참여하며 자신이 책임질 수 있는 생각과 감정을 표출하는 것을 말한다.

늘 타인의 말을 귀기울여 듣고 그에 대한 자신의 생각과 감정을 적절히 표출하며 타인의 표현을 이끌어내는 사람이 있다면, 그 사람은 제대로 된 표현력을 갖추고 있는 사람이다. 독창적인 자신만의 표현이 아닌, 남의 표현을 흉내내는 것은 삼가는 게 좋다. 표현을 잘하려면 우선 상대방이 전하는 복합적인 메시지나 비현실적 메시지에 잘 응대해야 한다.

그리고 되도록 '나'의 메시지를 사용하는 것이 좋다. 예컨대 실연 후 실의에 빠진 친구가 "죽고 싶다"는 말을 했을 때, 먼저 이 말 속에 숨은 '죽고 싶을 정도로 괴로우니 날 좀 위로해줘'라는 뜻을 간파한다. 그다음에는 '죽지 않고도 마음의 고통을 잊을 수 있는 다른 방법은 무엇일까'라고 묻는 현실적인 메시지를 읽어 "내 생각엔……"이라고 진심을 담아 응대한다.

표현력에는 비언어적 요소들, 즉 표정이나 억양, 목소리의 크기, 속도, 리듬, 제스처 등이 포함되어 있음은 물론이다. 때와 장소, 상황에 맞게 이런 비언어적 요소를 조절할 줄 알아야 한다. 주의할 점은, 제스처가 너무 없으면 무관심한 것으로 보이고 지나치게 많으면 당황하고 있는 것으로 보일 수 있으며 타인을 불편하게 하기도 한다는 것이다. 예를 들면, "안 된다"는 말과 두 손을 엇갈린 X 표시를 함께 하는 경우가 있는데, 부정적인 것을 배가하는 제스처는 별로 좋은 느낌을 주지 않는다.

일곱째, 타인지향성이란 다른 사람, 그리고 그의 말에 주의와 관심을 기울이는 능력을 말한다.

이것은 특히 전혀 관심 없거나 자신과 판이하게 다른 사람과 상호작용할 때 중요한 덕목이다. 상대의 감정이나 의견을 정당하고 도리에 맞는 것이라 여기는 마음가짐으로, 상대 쪽으로 몸을 기울이고, 눈맞춤과 미소, 끄덕임 등의 격려를 보낸다. 자신을 표현한 타인에게 짧은 코멘트나 후속 질문 등으로 다음 말을 계속하게 하고 그의 기여에 대해 언급한 후 긍정적이며 애정이 담긴 말을 한다.

대화의 기법을 다루는 기법

대화의 기법을 알고 있더라도 그것을 규제하고 제대로 적용하는 법을 알아야 하는데 이러한 기법을 아우르는 기법, 즉 메타 기법에는 사려mindfulness와 유연성flexibility, 문화적 민감성cultural sensitivity 등이 있다.

첫째, 주의깊게 상황을 고려하는 '사려'가 중요하다.

적극적 듣기 등 대화의 기본을 알고 있더라도 대화마다 나름의 상황을 고려하지 못한다면 부적절한 반응이나 대답을 하게 될 수 있다. 따라서 주의깊게 대화 상황을 고려하는 자세가 필요하다.

문화 차이에 대해서도 넓은 마음을 가질 수 있으면 좋다. 사물, 사건, 사람을 바라볼 때, 기존의 범주에서 벗어나 이들이 다른 범주에 포함될 수도 있음을 인정하고 새로운 정보나 다른 견해에 대해서도 유연하고 너그러울 수 있어야 한다. 심지어 자신의 견해에 정면으로 위배되더라도 자신의 견해가 편견일 수 있음을 인정할 수 있어야 한다. 첫인상이란 내 앞에 있는 사람에 대한 하나의 가정일 뿐이므로 그것에 너무 의존하지 않아야 그의 말을 선입견 없이 들을 수 있다.

둘째, 유연성은 동병상련의 마음이기도 하다.

대화의 상황이 늘 예상대로 흐르지 않는 것은 당연하다. 특정 환경에서만 대화가 가능한 사람인지, 어떤 상황에서든 누구와도 대화할 수 있는지에 따라 그 사람의 유연성을 가늠할 수 있다. 만일 무인도에서처럼 고독한 상태라면, 누구와도 편견을 넘어서 대화할 수 있을 것이다. 설령 대화하기 피곤하거나 대화가 잘 이어지지 않는 상대라도 말이다.

앞에 있는 상대와 할말이 없다고 생각될 때는 그 사람의 하루를 생각해보라. 아침에 일어나 남편과 아이들을 학교에 보내고 설거지하고 청소하고 세탁기 돌리고, 어쩌면 점심은 혼자 우두커니 먹었을지도 모를 친구. 나와 많이 다른 삶을 살더라도 인간이라는 이름으로 세상을 살고 있는 상대에게 우리는 동병상련의 마음을 가질 수 있고, 그렇다면 누구와도 어떤 상황에서든 대화는 가능한 것이다.

상대에게 요즘 어떤 것에 흥미를 갖고 있는지 가볍게 묻는 것은 화제가 없을 때 가장 좋은 방법이라 생각한다. 본인의 흥미를 이야기하는 것은 누구에게나 즐거운 일이기 마련이니까. 돌아가신 외할아버지는 설이나 추석 등 명절에 가족들이 모이면 그 많은 손주들 중 하나인 나에게 물어주셨다. "정아는 요즘 뭐가 재밌네?" 그리고 그다음 만났을 땐 내 대답을 기억하고 계시다가 이렇게 물으셨다. "정아는 아직도 ○○가 재밌네?" 열 살 아이였던 손녀는 아직도 외할아버지의 단단한 황해도 말씨 속 따스함을 아름답게 기억한다.

너무 상대에게만 맞추는 대화도 그 상대를 불편하게 할 수 있다. 요즘 같은 공동의 볼거리를 각자의 공간에 갖고 있는 경우에는 자신이 재밌게 본 콘텐츠에 대한 가벼운 소감을 화제로 꺼내는 것도 무난한 방법이 될 것이다.

셋째, 문화적 민감성이란 언어를 통해 또 하나의 문화를 품에 넣는 것이다.

문화 간, 집단 간의 차이를 제대로 감지하고 이에 맞는 다양한 소통의 방법을 익히는 자세가 필요하다. 나와 다른 태도나 가치, 일 처리 방법 등 '다름'을 열린 마음으로 인내할 수 있어야 한다.

『겨레말 큰사전』 편찬 작업에 참여하고 계시던 권재일 서울대 교수와 인터뷰를 한 적이 있다. 『겨레말 큰사전』은 '우리 민족이 현재 남한과 북한, 해외에서 일상적으로 사용하고 있는 우리말', 즉 겨레말을 남북한이 공동으로 채집, 연구하여 편찬하기로 한 사전을 일컫는다. 남한과 북한의 언어 차이를 조율하고 통일 이후 언어생활의 전범이 될 수 있으리라는 기대를 한껏 모으며, 남과 북의 언어학자·관료·문인 등이 주축이 되어 2006년 1월 시작된 사업은 2014년 종료 예정이었으나 작업 진척이 쉽지 않아 계속 유효기간을 연장해 2022년까지 끌어왔고, 그 이후로는 완성 뉴스를 포함하여 관련 소식을 확인하기 어려운 상황이다.

남한 측 대표인 권재일 교수가 말하길, 북측과 여러 차례 만나 이제 많이 친해졌으나 처음엔 대화가 어려웠다고 했다. 쓰는 단어가 달라서라기보다는 상황에 따른 화법이 달라서였다. 거절, 수용, 겸양, 칭찬 등을 표현하는 코드가 다른 것이다. 어떤 말이

칭찬이 아니라 비난이었거나, 거절이 아니라 적극적 수용을 바라는 반어적 표현일 수 있는 것을 우리 식으로 해석해 오해를 낳곤 했다고 했다. 이제는 북측 위원장과 눈빛만으로도 무엇을 말하는지 아는 사이가 되었다고 하기에, 혹 서로 맞춰주다가 오히려 북은 남의 방식으로, 남은 북의 방식으로 표현해 '속 깊은 오해'가 중첩되는 건 아니냐고 농담을 건넸다.

대화란 그런 것이다. 상대와 그가 속한 문화에 대한 이해를 필요로 하기에 언어를 통해 또하나의 문화를 품에 넣는 것. 그래서 보다 따뜻하고 넓은 품을 지니게 되는 것.

지금까지 언급된 대화의 기법과 메타 기법 중 내가 지금껏 대화를 하면서 간과하고 있었던 요소들이 무엇인지 자문해보자. 혹시 나는 말하지 않고 타인의 이야기만 끌어내면 된다고 여겼다가 피곤해한 경험이나, 대화란 내가 느낀 것들과 가진 것들을 자랑하는 일이라고 생각한 적은 없는가. 말이 없는 사람은 그대로 내버려두는 것이 예의라고 생각했거나, 남들이 알아듣기 쉬우리라는 계산에 나만의 독창적인 표현보다는 다른 사람들이 많이 쓰는 표현을 쓰지는 않는가. 혹은 계속해서 문제를 제기하는 것만이 참신한 대화를 이끌어내는 지름길이라고 여기지는 않았나. 즐거운 만찬 같은 대화의 성찬을 위해 나는 어떤 점들을 찾아 고쳐나가면 좋을지.

설화, 말실수 피하기

글로 입게 되는 화를 필화筆禍라 하고, 말로 입게 되는 화를 설화舌禍라 한다. 충분한 시간을 들여 의도한 것을 써내는 글은 닫힌 체계다. 이와 대조적으로, 말은 의도가 있으되 표현함과 동시에 발화가 이루어지는 열린 체계이다. 퇴고라는 말도 있듯이 글은 가다듬고 살핀 후 세상에 내놓을 수 있으나, 세 치 혀가 뱉는 말은 아무리 생각을 가다듬어 내놓아도 어느 순간 나의 의도와 그 길을 달리할 때가 많다. 그래서 예로부터 그렇게 말을 삼가고 조심하라는 격언이 많았을 것이다. 누구나 설화에 시달리는 일을 겪을 수 있다. 설화에 대처하거나 사후 이를 수습하는 몇 가지 용례를 소개할까 한다.

대화할 때 나타날 수 있는 오해나 여타 문제들은 사전의 몇 가지 말들로 미연에 막거나, 그런 일이 벌어지고 난 후에 수습을 하는 경우로 나누어볼 수 있다.

오해를 미연에 방지하기 위한 3단계

앞으로 있을지 모를, 대화의 잠재적 문제를 미리 막는 방법은 자신이 하려는 말의 앞에 한정적 예고를 다는 피드포워드feedforward의 형식을 갖는다.

먼저 자기 자신과 메시지를 분리하는 방법hedging이 있다.
"어제 들은 이야기라 확인은 해보지 못했지만" "책 전체를 읽진 않았으나" 등의 말을 미리 하는 것이다. 자신이 이야기하는 부분이 틀릴 수도 있겠지만, 그건 전달 과정에서의 문제이거나 그럴 수밖에 없는 이유가 있음을 미리 밝히는 것이다. 메시지는 거부되더라도 말하는 사람은 거부할 수 없게 하는 전략이다.

다음은 자신이 어떤 말을 하기에 아주 적절한 사람이라는 것을 명시하는 방법credentialing이다.
"저는 지난 35년간 이 공부를 해왔습니다"라고 선언하는 등, 말하자면 스스로에게 신용장을 발부하는 행위이다. 만일 자신이 이 주제로 이야기를 하는 것이 청자의 의문을 살 것 같은 상황, 즉 화자로서의 전문성이나 능력으로서의 신뢰도가 낮을 때, 예를 들면 저 사람이 왜 식물 키우기 이야기를 하는지 알 수 없을 때 이런 이야기로 시작해보는 것이다.

"그 사람이 어떤 사람인지는 그 사람이 무슨 일을 하는 사람인지보다는 그 사람이 일 이외의 시간에 무엇을 하는 사람인지로 알 수 있다고 합니다. 저는 글을 쓰는 사람이지만 글을 쓰지 않는 시간에는 식물을 키웁니다. 식물을 키우면서 느꼈던 점들을 오늘 이 자리에서 나누고 싶어 이곳에 나왔습니다."

정상적으로 받아들여지는 대화로부터 잠시 벗어날 것임을 예고하는 방법sin-licences 또한 자주 쓰는 방법이다.

"지금 이런 전문적인 이야기가 적절하지 않을지는 모르겠으나, 잠깐만 언급해보면"이라고 하면서 조금 다른 이야기를 할 것임을 주지시키는 것이다.

또한 부정적 반응이 나올 것을 알고 있다고 인정하는 방법cognitive disclaimer이 있다.

"여러분께서 이 사람을 희한한 인간이라고 생각하실 수도 있다. 그러나 한번 제 논리를 들어보시라" 등등.

마지막으로, 판단의 유보를 호소하는 방법appeals of the suspension of judgement이다.

"이상한 이야기라고 생각하실 수 있겠지만, 한번 판단을 미루고 제 이야기를 끝까지 들어보시라"고 말하는 방법 등이 이에 해당된다. 이렇게 하면 화자의 말을 다 듣기도 전에 재빠른 판단으로 듣기를 차단하는(필터링하는) 청자를 끌어들일 수 있다.

그러나 발생할 문제를 애초에 '사전조처'하기 위해 너무 자주 이런 피드포워드 식의 말을 한다면 화자가 자신 없어 보이거나 책임을 회피하려는 것처럼 보인다. 그러므로 문제 발생을 방지하기 위한 피드포워드는 꼭 필요할 때만 사용하는 것이 좋다.

또 청자는 이런 말을 들을 때 그러한 종류의 한정적 예고와 발언 내용 자체를 분리해 들을 줄 알아야 한다. 즉 "전 인종주의자는 아니지만, 판단을 미루고 제 이야기를 끝까지 들어봐주시죠"라고 하면서 개진한 의견에 "당신이 인종주의자가 아니라 하더라도 어쨌든 나는 그 의견에는 반대한다"라는 정도로 자신의 생각을 정리하고 표현할 수 있어야 한다.

사후 수습의 세 가지 유형

2017년 당시 미국 대통령이었던 트럼프는 공식적인 자리에서 북한을 '잔혹한 정권brutal regime'이라고 언급했다. 그보다 10여 년 전 북한 핵문제 해결을 위해 열렸던 6자 회담을 앞두고 부시 전 미국 대통령이 유엔총회 연설에서 북한을 이와 똑같은 단어로 언급한 적이 있었다.

부시가 아무리 말실수가 잦고 생각이 짧은 사람이라 할지라도 유엔 연설은 미리 준비된 말을 하는 자리이다. 트럼프의 기자회견도 마찬가지다. 즉 '잔혹한 정권'이란, 말실수 잦은 대통령의 말하기를 전제로 한 백악관 보좌진의 글쓰기의 소산인 것이다. 발음이 부정확하고 말실수로 늘 곤욕을 치르던 대통령을 위해 발음기호까지 달아 연설문을 만들 정도로 철저한 팀이 마련한 연설문인데, '잔혹한 정권'이란 표현이 6자 회담에 좋지 않은 영향을 끼쳤다면 그것은 부시의 설화라기보다는 미국 정부의 필화라 해야 할 것이다. 한 번 더 생각해보면 이는 미국 측의 고도로 계산된 말이지 단순한 실수일 리 없는 것이다. 미국은 '잔혹한 정권'이라는 말이 문제를 일으키기를 바란 것일 수 있다. 2009년 북한이 거부를 선언하면서 6자 회담은 끝이 났고, 회담을 통한 외교적 노력이 북한의 핵무기 보유를 막지 못했다는 점에서 6자 회담이 실패로 규정되는 데에 이러한 말들이 기여를 했을 것이다.

이렇듯 구조화되고 공식화된 말조차 가끔 문제가 생기곤 하는데, 하물며 비공식적인 대화의 경우는 말할 것도 없다. 대화 도중 돌이킬 수 없는 상황이 발생하기도 한다. 말로 인한 문제가 발생했을 때 사람들은 대개 변명으로 대처, 수습한다. 부정적으로 인지됐을지도 모르는 메시지를 정당화하고 싶은 것이다. 변명이란 '화자의 발화의 부정적 함의를 줄임으로써 긍정적 이미지를 유지하게 하는 설명 혹은 행동'이라 정의된다. 변명에는 '나는 그렇게 하지 않았다' 유형, '그렇게 나쁘지는 않았다' 유형, '맞다, 그러나……' 유형 등이 있다.

첫째, 나는 그렇게 하지 않았다 유형.

녹화 테이프를 되돌려 그 말을 했다는 것이 증명되기 전까지 막무가내로 '그런 말 한 적 없다'고 우기는 것이다. 과거 학력 위조로 논란에 휩싸였던 한 연예인은 자신이 그 대학에 다녔다고 직접 말한 적이 없노라 변명했다. 하지만 한 방송사의 집요한 추적으로 십수 년 전 그가 직접 자신이 특정 대학에 다녔다고 말한 장면을 찾아냈다. 뭐니 뭐니 해도 대표적 오리발은 수많은 정치인들의 말 속에서 찾을 수 있겠다. 지금은 '짤방'의 형태로 사실을 확인할 수 있는 사진·영상 자료가 온라인상에 떠돌아다니는 시대임에도 정치나 지위에 대한 사람들의 욕망은 사람들을 놀랍도록 막무가내로 만드는 듯하다.

둘째, 그렇게 나쁘지는 않았다 유형.

'그 말을 하긴 했지만, 그게 뭐 그리 잘못됐느냐'는 것이다. 예컨대 부시 전 대통령이 "잔혹한 정권이라 했지만, 벨로루시·시리아·이란을 함께 지칭하면서 어떻게 거기서 북한을 빼놓을 수 있었겠느냐, 잔혹한 정권이란 말이 뭐 틀렸느냐"고 반문한 것처럼 말이다.

셋째, 맞다, 그러나…… 유형.

'그렇다. 하지만 이러저러한 사정이 있었다'며 변명을 둘러대는 것이다. '잔혹한 정권이라 했다. 하지만 다른 나라들과의 형평성(!)도 있고, 미국 대통령 정도 됐을 땐 이런저런 거 다 배려하느라 나도 고달프다'며 구시렁구시렁 사정을 이야기하는 것이다. 둘째 경우보다 태도가 수그러든 경우라 하겠다.

말로 인해 문제가 발생했을 때 수습하는 방법, 마지막으로 무엇이 남았겠는가? 예상했겠지만, 바로 넷째, 사과이다. 깨끗이 시인하고 잘못했다고 용서를 비는 것이다. 자신의 잘못을 인정하고 용서를 구하고 앞으로 더 나아지겠다 약속하는 것이다.

모르면 모른다고 말하는 사람을 세상은 욕하지 않는다. 실수와 잘못을 진심으로 인정하고 사과하는 사람에게 세상은 등돌리지 않는다. 모르는데 아는 척, 아닌데 그런 척, 하고도 안 한 척, 잘못했으면서도 잘한 척하는 사람이 대접받는다는 생각은 착각이다. 세상이 아무리 변하고 정치가 아무리 중요하고 강대국이 아무리 오만해도 사람 간의 정리情理가 변하랴. 말로 인한 문제가 발생했을 때 가장 좋은 수습은 사과하는 것임을 기억하자.

KEY 대화에서 발생할 수 있는 문제를 미리 막는 방법

첫째, 자기 자신과 메시지를 분리한다.

둘째, 자신이 어떤 말을 하기에 적절한 사람임을 명시한다.

셋째, 판단의 유보를 호소한다.

더불어, 대화 중 발생한 문제를 수습하는 가장 좋은 방법은 신속하고 명확한 사과이다.

곤란한 말 잘하는 법

언젠가 조직의 선배에게 어려운 말을 꺼내야 했던 때가 있었다. 그에게 나의 사정과 내가 처한 어려움, 그로 인한 속내를 털어놓았다. 평소의 생각대로 진심은 반드시 통하고 진심을 나누는 것보다 더 나은 삶의 방식은 없다는 생각으로 대화를 나누었다.

얼마 후 나는 당시 강대인 선생이 이끌고 계시던 내화분화아카데미에서 열린 '대화의 방법에 대한 워크숍'에 참가해 내가 선배에게 건넸던 말을 되새겨보았다. 이날 소개된 대화의 방법은 오래도록 비폭력대화NVC, nonviolant communication운동을 이끌었던 마셜 B. 로젠버그Marshall B. Rosenberg의 대화모델 4단계로서, 현재 국내에도 『비폭력대화』 등의 책이 출간되어 있고 한국비폭력대화센터가 운영되고 있으므로 관심 있는 독자들은 이 분야의 책들과

센터 홈페이지 등을 심화학습 삼아 찾아보기를 권한다. 1984년 로젠버그가 창설한 '비폭력대화센터CNVC'는 현재 80여 개국에서 활동하고 있는데, 요지는 '비폭력대화란 솔직함, 공감을 토대로 인간관계를 꾸려가며 결국 모두의 욕구가 충족되도록 만드는 것'*이라는 점이다.

조직에서든 가족이나 친구 사이에서든 어떤 문제가 발생하여 어려운 부탁을 하거나 요청하는 말, 지시하는 말을 해야 할 때가 있다. 어떤 사람(대개 윗사람)은 마치 명령하듯 말한다. 그런가 하면 어떤 사람은 타인에게 부탁하거나 지시하는 것이 어려워 '차라리 내가 하고 만다'는 마음으로 혼자 일을 처리하기도 한다. 그러나 만일 그 일이 조직의 구성원으로서 자신이 꼭 필요로 하는 일인 동시에 모두에게 좋은 일일 수 있다면 그 일이 진행되도록 요청, 부탁하는 것은 절대로 부끄러운 일이 아니다. 일상적 대화가 아닌 주제를 가진 대화는 대부분 곤란한 상황을 타개하기 위해 이루어진다고도 볼 수 있다. 어떤 문제를 진심으로 대하되 그 진심이 더도 덜도 아닌 진심 그 자체로 전달되려면 어떻게 말해야 할지, 비폭력대화가 제안하는 대화모델 4단계를 소개한다.

먼저 객관적으로 관찰한 사실을 이야기하는 것이다.

---

* 마셜 B. 로젠버그, 『비폭력대화』, 캐서린 한 옮김, 한국NVC출판사, 2017

예컨대 "자네 지난달부터 회사에 늦게 나오는 날이 많네"처럼 비판이나 평가 등이 아닌 순수한 관찰로 문제를 제기하는 방식이다. 이럴 땐 실제로 모든 이가 인정할 만큼 그 사람이 자주 지각했는지를 확인해보아야 한다. 인간의 기억이란 자의적이어서 평소 그다지 좋게 보지 않던 직원은 한두 번만 지각해도 부지불식간에 '지각 자주 하는 사람'이라는 낙인을 찍을 수 있다.

다음은 자신의 느낌을 전달하는 것이다.

"늦게 나오는 걸 보면서 무슨 일이 있나 걱정도 되지만 표정이 그리 나쁘진 않고, 그래서 이 친구가 좀 느슨해졌나, 팀에 어떤 불만이 있나 생각해보게 됐네. 내가 부서원들을 너무 풀어놓는 팀장인지 스스로 돌아보게도 됐고."

꽁하거나 꼬인 마음이 아니라 그 일에 대한 자신의 감정을 솔직하게 이야기하는 것이다. 느낌을 이야기하는 방식에서 서양과 동양의 문화가 다르고 개인차도 있을 수 있다. 보다 직접적으로 이야기해도 좋은 문화, 또는 그런 상대가 있을 수 있고 오히려 선문답 같은 느낌으로 에둘러 말하는 것이 서로 편안한 경우도 있다. 그러나 어느 쪽이든 그저 '느낌'에만 맴돌고 정작 본론으로 나아가지 않으면 지지부진하고 답답한 사람이라는 느낌을 준다.

그다음으로는 자신의 욕구나 필요를 이야기하는 것이다.

유정아의 서울대 말하기 강의

"우리 팀이 잘 돌아가는 걸 책임지고 있는 나로서는 팀원 누구한 사람이 지각하는 것을 그냥 지켜보기가 힘드네. 한 사람이 지각하면 회의와 그 밖의 업무가 조금씩 늦춰지니 모두 정시에 나와주어야겠네."

객관적 관찰과 느낌을 바탕으로 자신의 필요를 이야기하면 '자기'라는 '에고ego'가 강하게 드러나지 않는다.

이제 그 필요를 바탕으로 부탁과 요청을 한다.

행동의 요청은 긍정문이나 의문문이 좋다. "내일부터 지각하지 말게"보다는 "내일부터 일찍 나오게"라는 긍정문이 낫다. 또 그보다는 "내일부터 일찍 나와주겠나?"라는 청유형 의문문이 상대를 더욱 존중하는 느낌을 준다. 의문문은 상대의 존재를 열어놓음으로써 그의 의지와 주관이 개입할 여지를 주기 때문이다. 여기에 "자네는 우리 팀에서 중요한 사람일세" 혹은 "어때, 괜찮겠나?"처럼 친밀감을 줄 수 있는 말이 첨가된다면 금상첨화일 것이다.

말은 듣고 싶다는 마음이 생길 때 듣게 되는 것

말이란 주삿바늘을 통해 온몸에 퍼지는 약물처럼 주입될 수 있는 것이 아니라 듣고 싶다는 마음이 생길 때 듣게 되는 것이다. 말을 하는 사람은 이 점을 인식하고, 무조건 머릿속에 넣으면 된다는 '주입 신화'에서 벗어나 상대의 마음을 움직여 행동을 이끌어내는 자세가 필요하다. 아이에게 '공부해'라는 말을 한다고 즉시 아이가 공부에 착수하는 일이 그리 흔하던가. 공부가 아이에게 어떤 의미인지, 무엇을 왜 공부해야 하는지, 자식이 공부하는 일이 부모에겐 또 어떤 눈물겨운 사연이 되는지 부모와 자식이 공유해야 한다. 그래야 '공부해'라는 말이 아이에게 전달되고 실행에 옮겨지는 것이다.

화자를 떠났으되 청자에게 도달하지 못한 채 증발해버리고 마는 말이 많다. 이런 말이 아깝다고 생각한다면, 화자는 청자가 듣고 행동할 수 있게 유인해야 한다.

가끔은 나의 과도한 자의식 때문에 말로 상처를 주지는 않는지 타인의 입장에서 돌아볼 일이다. 너무 얇은 귀 때문에 줏대를 지켜야 할 상황에서 엉거주춤 망설이고 있지는 않은지도 되새겨보아야 한다.

지금까지 일상의 대화에 대해 알아보았다. 학습한 책의 내용을 암기해두었다가 '아, 이때는 이렇게 해야지' 하고 언제나 실전 대화에 활용하기는 어려울 것이다. 다만 자신이 대화를 하고 돌아서서나 대화하는 도중 힘이 들었거나 상대에게 잠깐이라도 미안한 마음이 들었다면, 이 부분을 다시 읽어보면서 대화할 때 어떤 덕목을 갖추어야 할지 되새겨보기를 바란다.

물론 알게 되는 것과 알고 있는 것이 다르고, 알고 있는 것과 행하는 것이 다르며, 행하는 것과 행한다는 인식 없이 자연스럽게 배어나오는 것은 다르다. 하지만 머리로 학습한 대화술을 능수능란하게 구사하는 사람보다는, 대화에 임하는 바른 마음가짐을 몸에 익힌 사람의 말에서 더 큰 진정성이 느껴질 것이다.

KEY   곤란한 말 잘하는 순서

첫째, 객관적으로 관찰한 사실을 이야기한다.

둘째, 솔직한 자신의 감정을 잘 짚어 말한다.

셋째, 자신의 욕구나 필요를 이야기한다.

넷째, 그 필요를 바탕으로 부탁과 요청을 한다.

상대의 어려움을 들을 때 나는 어떤 청자인가

듣기는 정보적 듣기informative listening와 비판적 듣기critical listening, 격려적 듣기supportive listening의 세 가지 상황으로 분류해볼 수 있다. 앞의 두 가지는 각각 정보적 말하기와 설득적 말하기를 듣는 상황이고, 세번째 격려적 듣기는 관계를 구축하거나 화자가 문제를 해결하는 데 도움을 주고자 듣는 것을 말한다. 우리가 빈번히 저하게 되는 이 세번째 듣기 상황, 즉 자신이 당면한 문제를 호소하는 상대의 말을 들을 때 우리는 다음과 같은 태도를 취하게 된다.

1. 조언advising: 해결책을 제시하는 것.
2. 판정judging: 상대의 생각과 행동을 평가해주는 것.
3. 분석analyzing: 메시지를 해석해주는 것.

4. 질문questioning: 질문을 통해 스스로 깨닫게 해주는 것.

5. 위로comforting: 동의해주고 잘 견디고 있음을 칭찬하며 도움을 제안하는 것.

6. 잠자코 있음prompting: 간단한 격려의 말 외에는 침묵하며 스스로 문제를 해결할 수 있도록 기다리는 것.

나는 이러한 상황에서 어떠한 청자인가. 상대는 그저 들어주기를(잠자코 있음 혹은 위로) 바라는데 섣불리 조언이나 판정을 하는, 혼자서만 적극적인 청자는 아닌가 점검해볼 일이다.

"널 괴롭히는 게 내 생각엔……" "그녀는 ○○ 때문에 그 행동을 한 것 같아" "네가 진정으로 그걸 바라지는 않아 보여" "문제는 ○○에서 시작된 것 같다" 등 상대가 상황을 재인식하는 데 물꼬를 터줄 만한 분석 정도는 적절할 수 있을 것이다. 그러나 호기심만으로 묻는 질문과 제안·비난을 담은 질문은 오히려 혼란을 가중시키고 제 역할을 하지 못한다.

뒤에서 살펴볼 우리 시대의 훌륭한 지휘자 클라우스 메켈레Klaus Makela의 통찰처럼 리허설에서 어떤 파트에 하고자 했던 말, 즉 조언은 나중에 보면 대개 안 해도 되었던 말인 경우가 많다. 스스로 깨닫고 알게 되는 경우가 대부분이기 때문이다. 조언은 오히려 해가 되기도 하며, 사람은 그저 자신의 상황을 말하고 싶을 뿐 조언을 수용할 준비가 되어 있지 않은 경우가 대부분이다. 불가피하게 조언을 해야겠다고 생각될 경우 마지막까지 점검해본다.

'이 조언이 맞다고 나는 확신하는가, 이 사람이 조언을 수용할 것으로 보이는가, 조언대로 실행했는데 상황이 예측했던 방향으로 흘러가지 않았을 때 그가 나를 책망하지 않겠는가, 이 조언이 그의 위엄을 보호하고 지지하는 조언인가.'

웬만한 조언은 이러한 까다로운 조건을 넘어서기 어려울 것이다. 하나라도 꺼림칙하다면 하지 말라는 이야기이다. 조언은 다음 두 가지 상황일 때에만 환영받을 수 있다고들 한다. 상대가 정확히 요구할 때와 조언자인 내가 상대의 평안과 안녕을 진정으로 염려할 때. 이 둘이 '이거나'로 연결되는 것이 아니라 교집합일 때만 하라는 것이다. 내가 진심으로 평안을 염려하는 상대가 정확히 조언해줄 것을 요구할 때에만 조언을 하라는 것. 그 외의 상황에서는 조언을 삼가고 따뜻하게 그저 고개를 끄덕이며 들어주라는 것. 잠자코 있음에 수렴하는 것이 가장 현명한 조언자이다.

4장

말하기 맞춤 강의 2
스피치

아무도 당신의 말을 듣지 않는 이유
—설계의 중요성

대체로 우리나라 대학에 개설된 말하기 관련 과목의 강의명은 '스피치 커뮤니케이션'인 경우가 많다. 여기서 '스피치'란 말 전체를 아우르는 것으로 쓰인다. 스피치 커뮤니케이션에서는 말을 통한 소통에는 어떠한 요소들이 있으며 어떻게 하면 이 요소들을 잘 활용할 수 있는지 배운다. 물론 여기에는 스피치의 비언어적 요소들, 즉 표정이나 제스처 등도 포함된다.

이 장에서 우리가 살펴볼 스피치는 협의의 스피치이다. '연설'로 흔히 해석되는, 대중 앞에서의 말하기를 일컫는다. 소통 유형으로 보자면 스피치는 공적인 소통이자 일방적 말하기에 해당한다. 그러면서도 자신과의 소통이 우선하는 작업이며, 청중의 질문에 대한 답변이나 그들의 피드백에 대응하는 것도 빼놓을 수 없다.

스피치는 이 세상을 살아가는 세계 시민으로서 함께 당대를 사는 사람들에게 자신의 뜻을 알리는 주요한 수단이다. 근래 정치 지도자 가운데 손꼽을 만한 스피커로 훌륭한 발성, 자연스러운 태도와 따뜻한 눈맞춤, 좋은 문장과 단어 선택으로 세계인을 사로잡은 버락 오바마를 들 수 있다. 그 사람이 어떤 생각을 하는 사람인가는 그 사람의 생각을 집약적으로 표현한 연설문을 통해 잘 알 수 있다.

최근 내가 눈여겨보는 또다른 스피커는 앞서 잠시 언급했던 핀란드 출신의 젊디젊은 지휘자 클라우스 메켈레이다. 현재 오슬로 필하모니 관현악단의 상임지휘자, 파리 관현악단의 음악감독을 맡고 있으며 서른도 안 된 나이에 앞날이 행복에 겹도록 선점되어 있다. 암스테르담 로열 콘세르트헤바우 오케스트라의 예술파트너로서 상임지휘자로 지명되어 있고, 시카고심포니까지 그의 근미래를 찜해두었다. 세계 유수의 오케스트라, 그 까다롭기 그지없는 단원들과 이사회를 끌어들이는 힘은 음악적인 데에만 있지 않을 것이다. 그의 지휘로 연주하는 단원들에게서 그를 진심으로 좋아하는 표정을 볼 수 있다. 클래식 전문 채널에 나온 그의 인터뷰를 보니 과연 그 인격이 드러나는 부분이 있었다. 대략적으로 옮겨보면 이렇다.

"리허설은 다른 사람, 다른 파트의 이야기에 귀기울이는 일이다. 리허설을 하면서 나는 음악을 끊고 조정해야 할지 아니면 그대로 이어가야 할지, 이야기를 한다면 어느 정도의 시간으로 할지, 어떻게 해야 100여 명 단원들의 집중력을 계속 유지할 수 있을지 고민한다. 당시에는 반드시 얘기할 필요가 있다고 느끼지만 지나고 보면 안 해도 되는 이야기가 대부분이다."

나라보다 더 큰 음악세계를 지휘하는 지도자답다. 함께 음악을 만들어가는 단원들의 집중력 유지와 더 나은 음악을 위한 소통에 대한 고민, 리허설은 나의 말을 하기보다 타인의 소리에 귀기울이는 것이라는 점, 대부분의 말은 안 해도 그만이거나 안 하는 게 나았다는 경험. 단원들을 향한 지휘자의 스피치를 숙고하고 성찰하는 모습이 참으로 성숙한 경지이다.

오늘날 스피치는 몇몇 유명인사의 전유물이 아니라 우리 같은 평범한 사람 모두의, 조금 부담스러운 권리가 되었다. 크고 작은 모임에서의 짧으면서도 유쾌하고 명징한 말하기 능력은 누구나 갖추고 있으면 좋을 덕목인 것이다.

고대 그리스의 정치인 페리클레스는 2500년 전 말했다. "판단을 했으되 설명하지 못하는 사람은 그 주제에 대해 한 번도 생각해보지 않은 사람만 못하다." 말로 설명하고 설득하지 못하는 판단이란 진정한 판단을 한 것이 아니며, 이제 새로이 생각해보아 판단하려는 자세를 가진 사람보다도 오히려 못하다는 것이다. 자신의 생각과 판단을 말로 할 수 없다면 그 사람은 제대로 판단한 것이 아니라는 말이다.

우리의 생각이란 머릿속에서 일어나는 것이기도 하지만 우리가 말하는 도중 그 시간, 그 공간에서 완성되기도 한다. 뭐라 말로 표현할 수 없는 생각을 하고 있다고 자신하며 침묵하는 대신, 간명하고 쉬운 말로 자신의 생각을 표현해내다보면 생각의 깊이와 폭을 메워갈 수 있을 것이다. 스피치란 이렇듯 내가 타인에게 다가가 공감대를 형성하는 매체이자 나의 생각을 키우는 매체이다.

아리스토텔레스에게 배우는 스피치 실행의 5단계

모든 스피치는 자연스러워야 한다. 내용은 진정하고 적절하며 방식은 명확하고 간단한 것이 좋다. 스피치를 준비할 때 염두에 둘만한, 아리스토텔레스의 수사적 표현의 다섯 가지 기술을 소개한다. 쉽게 말하자면, 우리가 공식적인 말을 준비할 때 따르게 되는 스피치 실행의 5단계라고 할 수 있겠다. ①주제에 맞춰 어떤 말을 할까 아이디어를 짜고 ②말의 흐름을 생각하면서 순서에 따라 내용을 취사선택하고 ③어떤 식으로 말할지 상황에 맞는 말의 스타일을 정해보고 ④말할 것들을 숙지해 암기하고 ⑤마지막으로 발표하는 것. 스피치는 거창한 것이 아니라 그저 이것이다.

먼저 아이디어를 개발하고 주제를 생각하는 고안의 단계이다.

앞서 언급했던 내 머릿속 생각의 장소들인 토포이 중 주제와 관련한 방에 있는 생각들을 단어들로 외화外化해보는 것이다. 어떤 것들을 말할 것인지 브레인스토밍을 통해 끄집어내본다.

두번째, 서론과 본론, 결론을 만들고 정리하는 배열의 단계이다.
아이디어를 논리적 흐름에 맞게 편집하고 취사선택하여 배열해본다. 서론에서는 청중의 주의를 집중시키고 관심을 유발하며 전체 스피치의 윤곽을 제시한다. 본문은 구성을 신경써 전환 등으로 흥미를 유지하고 주제에서 벗어나지 않도록 일관성을 견지한다. 결론에서는 기억에 남을 만한 문구 등으로 자신의 인상을 형성하고 본론에서 펼쳐놓은 말을 잘 마무리한다.

세번째, 표현에 관련된 스타일을 정하는 단계이다.
담담하게 할 것인지 격하게 할 것인지, 유머러스하게 할 것인지 비장하게 할 것인지, 간결하게 할 것인지 장황하고 화려하게 할 것인지, 자신의 성향과 주제, 그리고 청중을 고려해 선택한다. 어떤 스타일이든 명료하고 정확하게 메시지가 전달되어야 함은 당연하다.

네번째, 과정과 표현을 숙지하는 암기의 단계이다.
원고를 구어체로 작성해본 다음 키워드나 중요 문장만을 들고

유정아의 서울대 말하기 강의

말해보는 연습을 한다. 정확한 수치나 통계, 사람 이름, 연도, 인용 구절 등은 작은 메모지에 정확히 적어둔다.

마지막, 전달의 단계이다.

언어적 전달에 있어, 발음을 정확히 하고 잘 들리게 발성하고 속도와 포즈를 적절히 조정하면서 강약을 조절하고 군말을 자제한다. 비언어적 전달에 있어서는, 눈맞춤을 골고루 하며 편안한 표정과 제스처를 써야 한다. 서 있는 자세, 걸어 나가고 들어오는 동작까지가 모두 스피치 전달을 구성하는 요소임을 잊지 말아야 한다. 그리고 얼마든지 일어날 수 있는 돌발 사태, 즉 정전이나 시각 자료 사고, 시끄러운 청중 등에 대응할 수 있는 순발력도 길러두어야 한다.

KEY 아리스토텔레스의 수사적 표현의 다섯 가지 기술

• **고안하는 단계:** 어떤 것들을 말할 것인지 브레인스토밍한다.

• **배열하는 단계:** 아이디어를 논리적 흐름에 맞게 구성한다.

• **스타일을 정하는 단계:** 담담하거나 격하게, 유머러스하거나 비장하게, 간결하거나 장황하게, 주제와 청중을 고려해 선택한다.

• **암기하는 단계:** 원고를 구어체로 작성해 키워드만 들고 말해보는 연습을 한다.

• **전달하는 단계:** 발음을 정확히 하고 잘 들리게 발성하고 속도와 포즈를 적절히 조정하면서 강약을 조절하고 군말을 자제한다.

들으면서 당신을 기억하게 하는 방법
—자기소개 스피치

처음 만나는 사람들이 모인 자리에서 1~2분씩 자신을 소개할 때, 입사 면접에서 자기소개를 해보라는 제안을 받는 경우, 어떤 직책에 지원하고 나서 그것에 자신이 얼마나 잘 맞는 사람인지, 후보 연설하는 경우 등이 자기소개 스피치에 속한다고 할 수 있겠다. 자기소개 스피치는 앞서 언급한 자기개념, 즉 자신이 누구라고 생각하는지, 그 이미지를 말로 풀어내는 작업이 될 것이다.

자기를 소개한다는 것은 자신에 대한 정보를 주는 정보 스피치의 일종이나, 모든 정보 스피치가 설득의 요소를 갖는 것처럼 자기소개를 한다는 것도 결국 타인의 마음을 사고자 하는 설득의 면을 갖는다. 처음 만나는 사람에게 좋은 인상을 주고자 하는 마음, 입사에 성공하고자 하는 마음, 자리에 선출되고자 하는 마음이 존재하는 것이다.

입사 면접 장소에서라면 자신이 가진 자기개념 위에 자신의 이상 및 능력과 회사의 비전이 어느 정도 부합하는지에 대한 옷을 입힐 줄 알아야 한다. 자신에 대한 정보를 노출하는 가운데 면접관이 '이 사람은 쓸 만한걸'이라는 마음을 가질 정도로 설득하는 작업이다. 자신에 대한 공개이되 선택적 공개라고 해야 할까? 자기소개 스피치의 준비에는 대개 다음과 같은 지침을 참고할 수 있다.

첫째, 출신과 성장 배경을 간략히, 재미있고 뼈대가 잘 부각되게 포함시킨다.

장래 희망, 삶의 목표, 평상시 가져왔던 꿈, 꿈을 실현하기 위해 지금까지 무엇을 해왔는지, 현재는 이를 위해 어떤 노력과 준비를 하고 있는지, 앞으로는 어떻게 준비하려 하는지 밝힌다.

둘째, 이러한 삶의 목표와 지원한 회사의 일을 수행하는 것 사이의 상관관계를 설명한다.

목표 지점에 도달하는 것과 관련한 자신의 강점을 예를 들어가며 자세히 부각시킨다. 적극적인 성격이라든지 추진력, 성취한 일 등도 포함한다. 그러나 스피치가 끝날 때까지 강점만 나열한다면 그것은 지루하며 자랑만 일삼은 스피치로 기억될 것이다.

일과 관련한 단점 중 치명적이지 않으며 애교스러운 부분(사실 치명적 약점이란 많지 않다)을 솔직하게 집어넣되, 이를 숙고한 뒤 마련한 극복 방안과 의지로 단점을 반전한다. 자신의 단점을 알고 있고 그것을 이겨낼 방안을 도출해냈다는 것은 오히려 장점으로 비칠 수 있는 부분이다. 위기관리능력을 갖추었다고도 볼 수 있기 때문이다.

이는 기승전결의 구성이라면 전轉에 해당하는 내용으로, 앞서 언급했던 꿈과 관련한 강점을 넘어서는, 자신의 약점과 그것을 극복하는 모습이나 자신만의 개성 있는 항변 등을 '그런데'나 '하지만' 등의 접속사로 시작되는 문단 안에 재치 있게 배치한다.

잊지 말아야 할 점은 이 모든 자기소개 스피치의 내용이 자신이 인식하는 자기의 범주 안에 편안히 자리할 수 있어야 설득력을 발휘한다는 것이다. 내가 생각하는 나, 즉 자기개념과 괴리가 있는 전형적인 지침만을 따른 스피치는 자신이 말하면서도 편치 않을 것이고, 이것을 듣는 사람들도 그게 그것인, 그저 비슷한 자기소개를 듣는 지루함을 느낄 것이다. 내가 진정으로 좋아하는 것이나 싫어하는 것들을 통해 나를 소개할 수도 있고, 나의 어느 하루를 돌아보는 것이 가장 나다운 나를 소개하는 것일 수도 있다. 전형적인 스피치보다 이런 조금 특이하고 개성 있는 스피치를 준비해보는 것도 좋다.

타인의 평가로부터 자유로운 스피치를 해볼 기회는 인생에서 많지 않기에 나는 말하기 수업을 듣는 동안만큼은 학생들에게 그러한 자유로움을 느껴볼 것을 권장한다. 앞서 소개한 자기소개 스피치 준비 지침은 그야말로 지침일 뿐이니, 그것으로부터 벗어나 자유롭게 자신을 소개해볼 수 있다.

자신에 대해 여러 수위의 질문을 던져보는 것

자아에 접근할 때 평가 없이 자신의 특징을 받아들이는 자기수용이 필요하다고 1장에서 언급한 바 있다. 일부 영역에서는 긍정적 자기평가를 유지하면서, 성과가 없었거나 통제하지 못했던 분야이더라도 그저 담담히 받아들이는 것이 건강한 자기개념을 형성하는 방법이다. 진정한 자기수용을 못하면 소통의 장에서 허울과 벽만 쌓는 관계를 형성하게 된다. 그뿐만 아니라 자기수용이 빠진 자기소개 스피치도 허울뿐인 공허한 울림이 되고 만다.

자기소개 스피치라는 아주 실용적인 이름의 공적 커뮤니케이션은 이처럼 사적이고 은밀한 자기와의 건강한 소통 위에 자리하고 있다. 자신과의 내밀한 대화, 성찰을 통해 자신을 들여다보는 것이 자기소개 스피치 준비의 가장 기초적인 단계이다.

자신에 대한 여러 수위의 질문을 던져보는 것, '나는 이런 사람이다'라는 항목에 10가지 정도 답해보는 것 등을 재미삼아 해보고 나서 스피치 문안을 작성해보자. 과연 나는 누구인가.

KEY   입사면접 자기소개 스피치 핵심 노하우

첫째, 출신과 성장 배경은 간략하되 재미있고 뼈대가 잘 부각되게 말한다.

둘째, 꿈을 실현하기 위해 이제까지 준비한 것, 앞으로 노력할 것들을 말한다.

셋째, 삶의 목표와 지원한 회사의 일을 수행하는 것 사이의 상관관계를 설명한다.

넷째, 일과 관련한 단점 중 치명적이지 않은 부분을 밝히고 극복 방안을 제시한다.

다섯째, 완성된 스피치가 내가 봐도 지루하다면 새로운 시각에서 다시 써본다.

무엇을 전달할 것인가—정보 스피치 ①

일상에서 우리가 주고받는 말들을 가만히 생각해보면 대부분이 정보 전달을 목적으로 하는 말하기informative speaking라는 걸 알 수 있다. 요리 방법의 전수, 새로 나온 영화에 대한 대화, 자녀교육에 대한 특강, 학교의 강의와 수업, 구직 인터뷰 중 회사에 대한 문답들, 인터넷 사이트에서(이즈음에는 '챗GPT에게'라고 해야 하려나) 묻고 답하는 내용들. 공식적인 성격의 스피치가 아닌 생활 일선에서 말하고 듣는 내용들도 크건 작건 정보를 담고 있다.

정보라는 개념에 대해서는 참으로 많은 정의가 내려져왔다. '불확실성을 줄이는 것' '어떤 사실이나 환경에 대해 주고받는 지식' 등 아주 보편적 정의에서부터 비유적 정의나 상징적 정의에 이르기까지, 정보는 물리적으로 손에 잡히지 않는 것이기에 더 많은 정의가 존재하는 듯하다.

우리는 끊임없이 타인과 정보를 교환한다. 어떤 이는 정보를 구하고 어떤 이는 정보를 제공한다. 정보는 정보를 제공하는 사람으로부터 정보를 구하는 사람에게로 흐르면서 공유된다. 정보를 소통한다고 할 때 그것은 새로운 것, 청중이 모르는 것을 말해주는 것을 의미한다. 정보를 공유하고, 공유된 정보를 이용하는 일은 생존에 필수적인 일이다. 정보의 공유 없이 문명은 없었을 것이다. 혼자 아는 것만으로는 무언가 빛나고 큰 것을 함께 만들어낼 수 없었을 테니 말이다.

앞서 자기소개 스피치에서도 잠깐 언급했듯이 상대의 지식을 늘려주는 것이 목적인 정보 스피치는 어느 정도 설득의 요소를 갖는다. 한편 상대의 태도와 행동을 바꾸는 것을 목적으로 하는 설득을 위한 말하기는 '언제나' 정보를 제공해야 한다. 어떤 사람이 새로 깨달은 것도 없이 자신이 견지해온 태도와 행동을 바꾸려 하겠는가? 그러한 의미에서 가벼운 대화를 제외한 대부분의 말하기는 정보적 말하기로 볼 수 있겠다. 짧게 보고하는 브리핑도 정보 스피치이며, 조직생활에서 자주 행하고 접하게 되는 프레젠테이션도 마찬가지이다. 일단 그 의미를 생각해보고 정보 스피치를 준비해보자.

유정아의 서울대 말하기 강의

상대에게 힘을 부여한다는 것

정보 스피치는 '정보와 생각의 공유를 통해 상대에게 힘을 부여하기empowering'라고 할 수 있다. 정보의 가치는 그것이 얼마나 새롭고 중요한가, 청중이 그것을 얼마나 잘 이해할 수 있는가에 달려 있다고 할 수 있다. 정보 스피치의 주제를 정할 때 제일 먼저 고민해볼 부분이다.

내가 전달하려는 정보가 스피치의 주제로 삼을 만큼 참신하고 중요한가, 이미 청중이 알고 있는 것은 아닌가, 어느 정도 아는 것이라면 그들이 더 알고자 하는 것은 무엇인가.

중요하다는 게 꼭 거창한 것을 의미하지는 않는다. 작지만 청자들이 의외로 모르고 있었던, 알게 되면 도움이 되는 것들을 찾아내보자. 가끔은 새로이 알게 된 것들이 필요를 창출해내기도 한다. 또한 그로 인해 새로이 창출된 필요성이 단지 나의 이익에 부합되는 것을 넘어 진정으로 선하고 아름다운 것인지 생각해보자. 사회의 의제가 되어 다 알고 있다고 생각하지만 사람들이 실은 명확하게 알지는 못했던 내용들을 포착해 재미있는 비유로 청중의 앎을 이끌어내는 것도 중요하다. 그 의제에 관해 잘 알고 싶었지만 내용이 지루하거나 어려워 접근하지 못했던 사람들이 있을 수도 있다. 무엇보다 일단 나 자신이 정보 흐름의 주도자가 될 만큼 제대로 아는지 점검해보고 그렇지 못하다면 제대로 숙지해 전달할 여지가 있는가를 숙고해보아야 한다.

　이러한 신중한 자세가 필요한 것은 정보 스피치가 청중의 인식을 형성하는 것이기 때문이다. 화자는 지식을 해석하게 된다. 많은 지식 중 어떤 것을 선택한다는 것부터 이미 정보가 어느 정도 가공되는 것이며 정보 자체에 영향을 미친다. 정보는 청자에게 다가가 그가 주변 세상에 대해 어떻게 느끼고 반응하는지에 영향을 미친다. 정보 스피치의 주제 선택 시 그 메시지와 스피치가 타인의 인식을 형성하는 힘을 갖는다는 것을 명심해야 한다.

　마지막으로, 의제 설정의 기능이다. 이것을 말하지 않고 '그것'을 말한다는 것, 많은 말할 거리 중 하필 그것을 주제로 선택한다는 것은 실제로 그 주제의 중요성을 역설하는 것보다 더 중요한 행위라 할 수 있다. 정보 스피치란 청중의 마음에 중요하게 생각되어야 할 사회적 의제를 말하는 행위이며, 이것이 청중의 의식을 형성하는 일단이 되기 때문에 화자는 윤리적 책임감을 가져야 한다.

KEY　정보 스피치란?

새롭고 중요한 정보를 청중과 공유하는 행위. 따라서 화자는 나의 말이 청중의 인식을 형성한다는 책임감을 가지고 말해야 한다.

스피치도 드라마틱하게!—정보 스피치 ②

정보 스피치 준비는 내가 말하려는 주제가 무엇인지를 가늠해보는 것에서 시작한다. 정보 스피치의 주제는 크게 네 범주로 분류할 수 있다. 내가 이야기하려는 것이 ①사람이나 동물, 구조, 장소 등의 구체적 대상인지 ②시간적 질서를 갖는 과정, 혹은 ③역사적 사건이나 일들 ④신념, 이론, 생각, 원칙 같은 추상적 개념인지에 따라 정보 스피치의 주제를 나누어볼 수 있다.

광고주 앞에서 광고 회사 제작팀이 자신들이 만들 광고의 내용을 프레젠테이션하는 것, 사장 앞에서 자신의 부서가 추진하고 있는 일들을 보고하는 것, 학생들에게 정보 스피치란 무엇인지 강의하는 것, 아이들에게 5·18광주민주화운동을 설명해주는 것 등, 자신이 앞두고 있는 정보 스피치의 주제가 언급한 네 가지 범주 중 어디에 속하는지 생각해본다. 주제에 따라 스피치의 종류를 다음과 같이 나눠볼 수 있다.

첫째, 묘사 스피치.

구체적 대상이나 사건, 과정을 묘사하여 청중에게 주제에 대한 명확한 그림을 그리게 해주는 스피치다. 뇌의 구조, 기업의 위계, 감염에 대처하는 몸의 저항, 제2차세계대전을 이끈 사건, 온라인 주식매매, 어린이의 언어학습 방법 등에 대한 스피치가 이에 해당된다.

둘째, 시연 스피치.

무엇을 어떻게 하는 것인지, 무엇이 어떻게 작동하는지를 알려주는 스피치다. 스피치의 목적은 어떤 대상을 이해하게 하여 새로이 알게 된 지식을 적용할 수 있도록 돕는 것이다. 대부분 시간의 흐름에 따른 설계를 보여주는 방식으로 이루어진다. 발표를 보조할 수 있는 시청각 자료 등을 사용하는 것이 유용하다.

셋째, 정의, 또는 설명 스피치.

어렵고 낯선 개념을 설명하여 그것을 보다 생생하고 힘있게 만들어주는 말하기다. 추상적 사고를 명확히 하려면 분명하고 구체적인 언어를 사용해야 하며, 실제 예를 들거나 두 가지 이상의 대상을 비교하는 일이 효과적이다. '다문화주의'나 '신자유주의'란 무엇이며 '통섭'은 무엇이고 '호모 사케르'라는 개념은 무엇인지에 대한 스피치가 이에 해당한다.

넷째, 브리핑.

조직 내에서 자주 경험하게 될 짧은 정보 스피치이다. 주로 묘사나 설명 스피치의 방법을 적용하게 되며, 준비 시간이 주어진 뒤 일목요연하게 발표하거나 즉석에서 물음에 답하는 형식으로 진행되기도 한다.

공간적 설계, 범주적 설계, 비교적 설계, 시간적 설계, 인과적 설계

스피치 전개 방식을 결정할 때 다음과 같은 스피치 설계 방법을 참고할 수 있다.

첫째, 공간적 설계.

장소나 물리적 배열 안에 대상을 위치시킬 때 적절한 설계이다. 청자가 이 장소에서 저 장소로 순차적으로 여행하는 이미지를 갖게 유도한다. 어느 곳을 시작점으로 정해 어떤 방향으로 움직일지 결정하고 체계적으로 한곳에서 다음 장소로 이동한다. 나

파뱅리나 홍대 앞, 고궁이나 유적지 소개에 대한 스피치 등을 행할 때 유용하다.

둘째, 범주적 설계.

자연적·관습적으로 분류되어 있는 대상을 말할 때 유용한 설계이다. 와인의 종류, 영양소의 종류 등 기존에 범주화되어 있는 내용 안에서 말하려는 내용이 어디에 위치하는지 명확히 자리매김함으로써 청자의 이해를 돕는다. 범주화의 분류는 네 가지를 넘지 않는 것이 좋다. 읽는 것이 아닌, 듣기로 정보를 얻는 과정에서 분류 항목이 네 가지를 넘어서면 너무 복잡해져 듣는 사람이 아예 이해하기를 포기할 수도 있다. 첫번째 범주는 주의를 끄는 것으로, 네번째 범주는 스피치의 클라이맥스를 이루도록 구성하는 것이 효과적이다.

셋째, 비교적 설계.

주제가 청중에게 낯설고 추상적이며 고도로 기술적인 내용이어서 쉽게 이해되기 힘들 때 사용한다. 낯선 주제를 청중이 이미 잘 알고 있을 어떤 것과 연관하여 설명하는 방법이다. 스리랑카의 고유 스포츠를 대중적인 축구에 비유한다든가(문자 그대로의 비교), 질병이나 감염에 대처하는 몸의 저항을 군사작전에 비유하는 것(은유적 유추) 등이 이에 속한다. 비교나 대조의 방법을 쓸 수도 있다. 예컨대 어떤 정책을 수행해야 하는 타당성을 호소할 때, 만일 그 정책을 수행하지 않는다면 어떻게 될지 비교, 대조하는 것이다. 이렇게 말하면 어떤 주제나 대상을 보다 잘 이해할 수 있을 뿐 아니라 극적인 전환 효과도 기대할 수 있다.

넷째, 시간적 설계.

설명 스피치에서 역사적 조망을 하거나 시연 스피치에서 과정의 단계를 시간적으로 설명할 때 선택하는 설계 방법이다. 과거에서 시작해 현재로 마치는 방법과 현재에서 시작해 그 기원으로 거슬러올라가는 방법이 있다. 각 시기의 이정표를 대표적인 것으로 신중히 선택해 시간 배분을 잘 하는 것이 중요하다. 티셔츠의 용도가 속옷에서 겉옷으로 변해온 역사, 어떤 스포츠팀의 승리를 계기로 거슬러올라가 알아본 팀의 역사 등이 그 예이다.

다섯째, 인과적 설계.

상황이나 사건을 그 원인의 관점에서 설명할 때 먼저 현상황을 묘사하고 그 원인을 규명하는 설계 방법이다. 현상황의 결과를 낳은 원인을 생각해보는 일은 미래의 사건이나 상황을 예측할 수 있게 해주기도 한다. 과거에 기인한 결과물인 현재의 조건이 미래의 결과를 도출하는 원인이 될 수도 있기 때문이다. 그래서 미래를 예측하기 위해 인과적 설계를 사용하기도 하는데, 이때 주의할 것은 원인과 결과의 관계를 자의적으로 단순화한 나머지 미래를 함부로 예단하지 않아야 한다는 점이다.

정리하면, 정보 스피치를 할 때는 우선 말하려는 것과 주제를 분류해보고 이것을 묘사할 것인지 시연해 보여줄 것인지, 정의내리고 설명해줄 것인지를 생각한 후, 그에 적합한 디자인을 선택한다. 무엇보다 정해진 시간 내에 정보가 적절히 흐를 수 있도록 정보의 양을 제한해야 한다. 정보의 양 대신 깊이로 승부하겠다는 마음가짐이 중요하다. 난이도를 청중의 수준, 주제, 시간, 목적 등에 잘 맞출 수 있어야 한다. 한 주제를 가지고 수준이 다른 청중, 길이가 다른 시간, 스피치의 목적에 따라 마치 하나의 멜로디로 여러 개의 변주곡을 만들듯 유연하게 변주할 줄 안다면 자신감 있게 임할 수 있을 것이다.

각각의 개인은 다양한 추상화의 수준에 반응한다

이와 관련해 주제와 청중의 연관성을 연구하여 그 점을 스피치의 앞부분에서 강조하는 것이 중요하다. 전혀 사고 싶지도, 살 필요도 못 느끼는 물건 앞에서 사람들은 머물지 않는다. 그러나 조용히 다가와 그 물건이 자신과 얼마나 긴밀히 연관될 수 있는지, 자신에게 얼마나 긴요히 쓰일 수 있는지를 귀띔하는 점원의 한마디에 그 물건이 달리 보이기도 한다. 정보 스피치를 할 때, 내가 주려는 정보가 보다 많은 이에게 유용하게 흐르기를 진정으로 바란다면 이 점을 간과해선 안 된다.

그러나 사고 싶고 살 필요를 느꼈지만 너무 비싸 망설이게 되는 물건처럼 내가 전달하려는 정보가 너무 생소하고 어렵다면? 그럴 때는 새로운 정보를 청중이 이미 알고 있는 정보와 연관하여 이해를 도와야 한다. 비교와 대조의 방법, 유추의 방법을 고려해보라.

일관된 성격을 지닌 집단으로서 청중을 전체적으로 분석하여 스피치의 수준을 결정하더라도, 항상 그 속에 다양한 청자들이 하나하나 자리하고 있음을 염두에 두어야 한다. 각각의 개인은 모두 다양한 추상화의 수준에 반응한다.

노숙인 대책을 예로 들자면, 어떤 사람은 가지지 못한 자에 대한 인류의 책임과 의무를 역설할 때에 마음이 움직이지만(높은 추상화 수준), 어떤 사람은 서울역사에서 기거하는 한 노숙인의 개인사(낮은 추상화 수준, 구체적 사례)를 들었을 때 마음이 움직일 수 있다. '표현의 자유'라는 미국 수정헌법 1조의 이념이나 대한민국 헌법정신에는 별 반응이 없다가 대통령을 희화하는 그림을 그린 데 대해서는 격분하는 사람도 있을 수 있다. 또 법이 중요한 게 아니라 우리 인간은 태어날 때부터 자신의 의사를 밝힐 수 있는 것이 아니냐고 역설하는 사람도 있겠다. 이렇듯 다양한 동인動因을 가진 청중의 마음을 사로잡기 위해 화자는 추상화의 수준을 다양화하여 말할 필요가 있다.

무엇보다 자신에게 친숙하고 재미있으며 자신이 참으로 중요하다고 생각하는 것을 말할 때, 비로소 타인에게도 진정한 정보를 전해줄 수 있다는 사실을 잊지 말자.

이제 주제를 택하고 설계 방법을 고려해 실제로 정보 스피치 문안을 작성해보자. 거울을 보며 작성된 문안을 말해보고 나서 다음의 자체평가 문항을 하나하나 체크해보라. 그런 다음, 부족했던 사항을 수정하고 다시 말해보라.

정보 스피치 자체 평가 문항

1. 주제 선정

ㄱ. 청중의 주의를 끌 만한가

ㄴ. 청중의 지식 수준을 고려했는가

ㄷ. 주제와 연사, 주제와 청중의 관계는 적절한가(내가 이 주제를 말할 만큼 전문적이거나 잘 준비했는가, 이 주제는 청중이 관심을 가질 만한 것인가)

ㄹ. 주어진 시간 안에 전달할 만한 내용인가(주어진 시간

내에 이해될 만한 내용이 아니라면, 다른 주제나 주제의 일

부분을 제대로 전달하는 편이 낫다)

ㅁ. 깊이 있게 지식을 전달했는가, 혹시 주제가 너무 광

범위하지는 않았는가

2. 일반적 요구사항

ㄱ. 스피치의 목적을 명확히 말했는가

ㄴ. 시간을 엄수했는가

ㄷ. 정보의 출처를 밝혔는가

ㄹ. 스피치 목적이 청중의 기대에 부응했는가

ㅁ. 연사가 스피치를 위해 철저하게 준비했다는 점을 청

중이 자연스럽게 실감할 수 있도록 했는가

3. 청중 분석

ㄱ. 청중의 성향과 수준을 분석해 스피치에 적절히 반영

했는가

ㄴ. 주제가 왜 청중에게 중요한지 제시했는가

ㄷ. 친근한 예를 들거나 청중의 기호, 경험을 알고 있음

을 보여주며 청중과 친근한 관계를 맺었는가

4. 보조 자료─스피치의 정보가 정확하고 믿을 만함을 증명해주는 기록

ㄱ. 명확하게 기록되었는가

ㄴ. 정보의 출처를 정확히 밝혔는가

ㄷ. 자료조사 연구가 최근까지 진행되고 있다는 것이 드러났는가

ㄹ. 적절한 자료를 풍부하게 제시했는가

ㅁ. 시각 자료를 필요한 만큼 적절히 사용했는가(너무 자세한 시각 자료는 오히려 사람들이 스피치에 귀기울이는 것을 방해한다)

5. 스피치 설계

ㄱ. 서론

— 청중이 주제에 몰입하게 했는가, 충분히 주의를 끄는가

— 스피치의 목적과 제목을 언급했는가

— 개념을 정의했는가

— 이 주제가 청중과 어떤 연관이 있으며, 연사가 이 주제로 이야기할 만한 전문성과 청중을 생각하는 마음을 가졌다는 것을 이야기했는가

ㄴ. 본론

— 듣기에 쉽고 명확했는가

— 내용과 분량이 균형을 이뤘는가

— 목적에 부합하는 내용을 말했는가

유정아의 서울대 말하기 강의

─ 내용의 전환이 앞 내용과 적절하게 연계되었는가

─ 이 주제를 전달하는 데에 적절한 설계를 택했는가

ㄷ. 결론

─ 주요 키워드를 되짚음으로써 스피치의 목적을 다시
  한번 상기시켰는가

─ 인상적인 말로 끝을 맺었는가

6. 전달

─ 자세, 위치, 제스처, 표정, 음성적·언어적 요소 등

KEY

정보 스피치는 주제에 따라 구체적 대상이나 사건, 과정을 묘사하여 청중에게

주제에 대한 명확한 그림을 그리게 해주는 '묘사 스피치', 무엇을 어떻게 하는

것인지, 무엇이 어떻게 작동하는지를 알려주는 '시연 스피치', 어렵고 낯선 개

념을 설명하여 그것을 보다 생생하고 힘있게 만들어주는 '정의, 또는 설명 스

피치', 짧은 정보 스피치인 '브리핑'으로 나눌 수 있다.

우리는 모두 설득의 소비자다—설득 스피치 ①

'나는 누군가를 설득하는 것에 관심이 없는데 왜 설득 스피치를 익혀야 하는가'라는 질문이 있을 수 있다. 답은 이러하다. 내가 타인을 설득할 일은 없을지라도 누군가 나를 옳지 않은 것으로 설득하려는 시도에 쉽게 설득당하지 않기 위해서라도 설득 스피치를 익혀야 한다.

우리는 모두 설득의 소비자라고 할 수 있다. 텔레비전 광고, 정치 연설, 영업사원의 물건 판매, 당신이 나와 결혼해야 하는 이유를 말하는 상대의 구애, 여러 가지 공연 중에서도 특정 공연을 꼭 보자는 친구의 권유 등 우리의 일상사는 많은 부분이 설득과 관련되어 있다. 어린이 채널의 장난감 광고를 열심히 시청한 아이들은 말했다.

"엄마, 저것 보세요. 080-0000에 전화하라잖아요. 얼른 전화하세요."

민주주의 정치체제는 힘이나 강요보다 설득이 더 윤리적이고 현실적이라는 확신에 기초하고 있다. 어떤 사람은 누군가를 설득하는 데 관심이 없을 수도 있다. 어떤 통치권자의 경우는 국민을 설득할 필요조차 느끼지 않고 '나를 따르라'고 했다가, 설득되지 않은, 전혀 설득의 대상이 아니라고 생각했던 국민에게 심판받기도 했다. 아직도 세상이란 윤리적·논리적 설득으로 이끌어지는 게 아니라고 생각할 수도 있다. 돈이나 권력, 그리고 개인이 어찌할 수 없는 보다 큰 힘에 의해 전개되는 것이 세상사인 듯한 상황에서 개인이라는 존재는 무력감을 느낄 수도 있다. 설득의 기제에 대해 배우는 것은, 내가 억압적이거나 불필요한 설득에 노출될 때 타인의 선하지 않은 설득을 소비하지 않도록 나를 지키는 길이다.

설득당하지 않을 자유와 권리

우리는 설득당하지 않을 자유와 권리가 있다. 내가 타인을 제대로 설득하는 것을 배움으로써 타인의 타당하지 않은 설득을 잘 판단하고 그것에 굴복하지 않는 방법도 익히게 된다.

우리는 돈이나 권력, 폭력으로 타인의 마음을 사거나 훔치는 것이 아니라 말로 사람의 마음을 움직이는 사회에 살고 있다. 숙의 민주주의에서 민주주의를 작동하게 하는 기본원리는 공중公衆의 심사숙고이다. 윤리적 설득은 이 숙고의 재료가 된다. 설득은 현대사회에서 늘 진행중인 공공 논증의 일부인 것이다. 설득은 다른 사람의 신념, 태도, 행동을 변화시키는 가장 윤리적인 방법으로 강요나 선전propaganda과는 구별되는 것이다. 애초에 말이란, 전쟁중 정복자 앞에서 '나는 너의 편이다'라고 선언하고 그러한 이유를 설득하던 데에서 시작되었다고도 한다. 자신의 생명을 지키기 위한 절실한 설득에서 말은 비롯되었던 것이다.

최고의 설득은 나의 진심

설득이란 청자의 태도, 신념, 가치, 행동 등을 변화시키기 위해 영향력을 행사하려는 시도이다.

설득을 위한 말하기의 구조를 살펴보자. 청자가 믿고 수용하고 행하길 바라는 논제인 화자의 주장claim, 이를 뒷받침하는 증거 자료인 근거data, 주장과 근거 간의 지지관계(근거가 주장을 제대로 입증하는가)라 할 수 있는 보장warrant 등 세 가지 구조로 설득은 이루어진다. 정보 스피치가 화자와 주제와 청중의 긴밀한 연관관계를 고민하면 반은 얻어가듯이, 설득 스피치는 주장과 근거와 보장의 긴밀한 연관관계를 고민하면 기본은 한다고 할 수 있다.

목소리를 높여 주장만 한다고 해서 누군가를 설득할 수 없으며, 이를 뒷받침하기 위해서는 증거 자료나 가치관 등의 근거가 있어야 한다. 근거가 주장을 잘 뒷받침하지 못한다면, 즉 근거가 주장을 보장하지 못한다면, 청중은 다른 근거를 제공하도록 요청할 것이다. 그러지 않는 한 청중은 설득되지 않을 것이다. 얕은수의 오류에 속지 않는 현명한 청자라면 말이다. 논증의 기본 요소인 주장과 근거 간의 탄탄하고 긴밀한 연관관계를 통해 다른 사람을 잘 설득해보자. 타인의 주장을 듣다보면 근거로 제시되는 것들이 실은 주장을 뒷받침하지 못하는 경우가 허다하다.

설득의 방향은 크게 네 가지로 구분할 수 있다.

화자가 제안한 행동을 수행함으로써 태도, 신념, 가치의 수용을 나타내는 채택,

어떤 행동을 끝냄으로써 주장을 수용하는 중지,

어떤 일을 막거나 하지 않음으로써 화자의 의견을 수용하는 저지와 방지,

어떤 일을 계속 유지함으로써 화자의 뜻을 수용하는 지속이 그것이다.

예를 들어 의대 정원 증원 계획의 채택, 원전개발의 중지, 일본의 독도영유권 주장 저지, 종합부동산세 징세 기준의 지속 등의 주장에 들어 있는 방향을 생각해보자. 생각해보면 단순하고 쉬운 구분인데, 내가 하려는 설득이 앞에서 언급한 설득의 네 가지 방향 중 어디에 해당되는지 한번 생각해보자. 그렇게 하면 자신이 말하고자 하는 것이 명료해진다.

내가 설득하고자 하는 주제가 사실의 문제인지 가치의 문제인지, 혹은 정책의 문제인지를 구분해보는 것도 필요하다. 북한 핵 문제와 관련해, '북한은 핵을 보유하고 있다'는 사실을 설득하고자 하는지, '북한은 핵을 보유해서는 안 된다'는 가치의 문제를 설득하고자 하는지, 아니면 '북한 핵 보유를 막으려면 우리의 대북정책은 어떠해야 한다'라는 정책 문제를 설득하고자 하는지에 따라 설득의 차원과 근거가 달라질 것이다.

먼저 사실의 문제란, 어떤 것이 사실인지 아닌지, 존재하는지 존재하지 않는지, 어떤 일이 일어났는지 안 일어났는지, 그럴 것인지 안 그럴 것인지 등 논쟁의 여지가 있는 과거, 현재, 미래의 사실 문제에 대해서 어느 한쪽을 주장하는 것이다.

우리가 사실로 알고 있는 많은 문제가 실은 논쟁의 여지가 있으며 알고 보면 사실 자체가 아니라 사실에 대한 주장인 경우가 많다. 진실은 과거가 되고 나면, 아니 현시점에도 미명微明에 처하는 경우가 다반사이다. 그러므로 사실 여부를 둘러싼 논쟁과 공방이 존재하는 것이리라.

사실은 크게 현재의 사실(팔레스타인에 억류된 인질들에 대한 인권 침해 사례, 한국의 재생에너지 잠재량), 미래의 예측(인공지능이 인간을 대체할 수 있을 것인가, 현재의 이스라엘-팔레스타인 전쟁은 확전으로 갈 것인가, 차기 대통령은 누가 될 것인가), 답이 명확지 않은 사실(기후위기의 정확한 원인), 타당하게 설명할 수 없는 사실(외계인은 존재하는가, 최면술은 우리를 과거로 데려갈 수 있는가) 등으로 나뉜다.

가치의 문제는 어떤 것이 좋은지 나쁜지, 도덕적인지 비도덕적인지, 올바른지 그른지, 바람직한지 그렇지 않은지 등의 문제를 다루는 것이다.

가치에 대한 주장은 사실에 대한 주장에 비해 상대방의 판단에 호소해야 한다. 왜냐하면 이에 대한 답이 사실에 기초하는 것이 아니라 저마다 다른 가치관과 개인의 의견에 근거를 두고 있기 때문이다. 안락사, 낙태, 동성애나 외국인 난민 문제 등 사회의 논란거리가 되는 이슈에 대한 가치관은 사람마다 다르다. 또한 개인의 역사를 통해 형성된 가치관을 변화시키기란 대단히 어렵다. 그러므로 가치의 문제를 다루는 설득 스피치는 더욱 철저하게 자료와 증거를 준비해야 한다.

정책의 문제는 어떠한 조처가 취해져야 할지, 어떤 정책이 채택되어야 하는지, 어떤 법이 어떻게 바뀌어야 하는지를 다루는 것이다.

주로 기존 정책을 고수 혹은 방어하거나 이미 있던 정책을 수정하고 새로운 정책으로 대체할 것을 주장하게 된다. 아니면 아예 새로운 정책을 수립할 것을 요구하기도 한다. 정책에 대한 주장을 펼치려면 자신이 주장하는 정책의 필요성과 계획, 그리고 그것의 적실성的實性을 제시해야 한다. 정책 문제는 대개 사실과 가치를 논한 후에 설득에 들어가기 마련이다. 혹은 정책에 대한 주제를 다루면서 가치와 사실에 대한 주장들이 함께 언급된다. 그래서 하나의 스피치가 사실과 가치, 정책의 문제를 다 포괄하는 경우가 많다. 예를 들면 노숙인 대책과 관련해 노숙인이 늘고 있다는 사실을 제시하고(사실의 문제), 덜 가진 자에 대해 사회가 책임을 져야 한다는 주장을 펼친 후(가치의 문제), 노숙인 대책에 대한 입법화 주장(정책의 문제)으로 스피치를 마감하는 것이 적절하다.

핵심은 책임감이다

설득당하는 것을 꺼리는 청중, 타성에 젖은 청중을 극복할 수 있어야 하며, 가장 중요한 점은 이 설득의 윤리성을 측정해볼 수 있어야 한다는 것이다. 각종 대중매체에서 흘러나오는 상업 광고들이나 정치인의 선동, 텔레비전 프로그램 진행자의 단편적이고 누구나 할 수 있는, 해도 좋고 안 해도 좋은 말들("날씨 좋은데 야외에 한번 나가보시죠"라든가, "부부의 날인데 서로 소중하다는 말씀 나누는 하루 보내세요" 등 자신은 안 할 것이 확실한 권유들) 사이에서 우리는 비윤리적 설득에 거의 매일 노출되어 있다고 할 수 있다.

설득을 위해 말하기에 앞서 세 가지를 자문해보자.

첫째, 내가 청중에게 윤리적 책임감을 느끼는가.

둘째, 내 주장의 윤리성을 공적公的으로 변호할 수 있는가.

셋째, 이 주장이 나의 인성에 대해 무엇을 말해주는가.

설득 스피치를 구성할 때 정보 스피치 설계에서 설명했던 유형을 다소 변형해 사용하는 경우를 먼저 제시해보겠다.

1. 범주적 설계는 설득의 근거를 범주화하여 주장을 뒷받침할 수 있다.

2. 비교적 설계는 정책이나 행동 변화를 수반했을 경우 얻어지는 이점을 그렇지 않은 경우나 다른 경우와 비교하여 제시하는 데 이용할 수 있다.

3. 시간적 설계는 정책의 계획을 세부적·단계적으로 소개하면서 정책의 입안을 주장하는 데 적절히 이용할 수 있다.

이와 별도로, 설득 스피치만의 특화된 설계는 다음과 같다.

4. 문제와 해결 방안을 제시하는 문제—해결의 설계는 청중이 문제를 인식하게 한 후 자신이 제시하는 해결책이 어떻게 문제를 해소할 수 있는지를 보여주는 설계이다.

5. 동기화된 시간적 설계는 문제—해결 설계를 조금 세분화해 변형한 것이다. 주의집중 → 변화의 필요 제시 → 해결책으로 필요 충족 → 변화의 결과 시각화 → 행동 촉구 등의 순서로 설계한다.

6. 반박의 설계는 상대방이 펼치는 논리의 취약점과 비일관성을 드러냄으로써 의문을 제기하는 것이다. 상대가 제시하는 논제와 증거를 확실하게 꿰뚫고 있지 않으면 거꾸로 논박당하기 쉽다.

청자의 행동이 변화하기를 진정으로 바라는가? 그녀의 사랑을 얻고 싶은가? 그들의 한 표를 구하는가? 장난감을 팔고 싶은가? 그렇다면 목적을 달성하기 위해 진심으로 공을 들여야만 한다. 먼저 상대의 마음을 얻어야 사랑과 표를 얻고 장난감을 팔 수 있는 것이다. 거꾸로 생각해보면, 마음을 구하지 않는 사랑이나 표를 팔기 위한 설득에 우리는 절대 넘어가선 안 되는 것이다.

우리는 설득당하지 않을 자유와 권리가 있다. 제대로 설득하는 것을 배움으로써 타인의 타당하지 않은 설득을 잘 판단하고 그것에 굴복하지 않는 방법도 익히게 된다.

설득 스피치에 앞서 자문해보자! 내가 청중에게 윤리적 책임감을 느끼는가. 내 주장의 윤리성을 공적으로 변호할 수 있는가. 이 주장이 나의 인성에 대해 무엇을 말해주는가.

첫술에 배부르라, 설득의 단계—설득 스피치 ②

누군가를 설득할 때는 그 사람의 태도와 신념, 가치, 행동까지 일거에 바꿔보겠다는 야무진 생각으로 임해서는 안 된다. 설득에는 '이것이냐, 아니냐'에 대한 대답을 강요하는 양자택일의 법칙을 적용할 수 없다. 사람이 어디 그리 쉬 변하던가. 잔잔하던 마음의 수면에 파문이 이는 것에서 시작해 물결이 일렁이다가 마침내 파도가 되어 밀려오는 것이지, 처음부터 집채만한 동조의 파도가 넘쳐오길 기대해선 안 된다. 듣는 사람은 마음에 파문이 이는 각 단계를 거쳐 점차적으로 설득되는 것이다. 그렇기 때문에 누군가를 설득할 때는 설득의 단계를 한 계단씩 올리려는 자세가 필요하다. 첫술에 배부르기를 바라는 것은 허황된 욕심이다.

헌혈에 대한 설득을 예로 들어보자. 상대는 피를 뽑는 것을 대단히 두려워해 한 번도 헌혈해본 경험이 없는 사람이다. 헌혈이 사회적으로 얼마나 절실히 필요한지, 피가 부족해 지금도 얼마나 많은 사람이 죽어가고 있는지에 대한 사실 자체를 환기하는 것이 설득의 시작이 될 것이다.

설득의 초기 단계에는 청자가 그 사안에 대한 문제점을 인식하고 주의를 기울이며 그것이 자신의 삶과 어떤 연관이 있는지 깨닫게 되는 과정이 필요하다.

이는 의식이나 행동의 변화를 도출하기 위해서 처음에 필수로 밟아야 하는 단계라고 할 수 있다. 이때 필요한 것은 정확한 정보이며 정보를 통한 '의식화'로 설득을 위한 길을 닦는 것이다. 막연히 헌혈이 필요하다고 감정에 호소할 것이 아니라, 정확히 우리 사회에서 얼마나 많은 사람이 헌혈을 하고 있으며, 현재 상황에서 혈액이 얼마나 부족한지, 대한헌혈협회나 보건복지부 등 전문 기관에서 나온 수치를 제시해야 한다.

의식의 표면에 파문이 일기 시작하면 이제 청자는 입장을 지지해야 하는 이유와 제안받은 행동을 수행하는 방법을 이해할 수 있어야 한다.

화자는 이때 청자에게 명확한 지침을 제공함으로써 행동의 변화를 망설일 수도 있는 청자가 수행에 나설 수 있도록 돕는다. '헌혈이 그 정도로 필요한 것이구나'라고 인식하기 시작했다 하더라도 청자가 그 대열에 동참할 수 있느냐는 것은 별개의 문제이다. '나는 빈혈이 있어 피를 뽑으면 몸에 좋지 않다'는 생각을 불식시킬 수 있는 전문적인 의학 정보를 제공해야 하며 어디에 가서 어떻게 헌혈을 해야 하는지 헌혈하는 절차를 자세히 설명해주어야한다. 그 밖에도 헌혈했던 사람들의 체험담 등 구체적인 사례를 제시해 청자의 이해를 도울 수 있다.

인식과 이해의 단계를 거치고 나면 청자가 화자의 논제와 추천에 동의하는 절차가 절대적으로 필요하다.

동의를 이끌어낼 때는 큰 논제 자체에 대한 동의를 단번에 얻으려 하기보다는 세부적인 작은 주장에 대한 동의부터 얻어내는 것이 효과적이다. 헌혈을 정례화하자거나 모든 사람이 헌혈을 해야 한다는 것이 아니라, 한번 헌혈해볼 것을 제안하는 작은 설득에 동의하기가 쉬운 법이다. '한번 해볼까'라는 삭은 결심과 '평생헌혈하는 것을 일삼아야지'라는 거대한 결심 중 어느 쪽이 마음먹기 쉽겠는가? 당연히 전자일 것이다.

마지막으로, 동의한 청자에게서 행동을 이끌어내는 것이 설득을 위한 말하기의 완성이다.

신청서에 서명을 하게 한다거나 거수로 표결을 하거나 말로 동

유정아의 서울대 말하기 강의

의의 뜻을 직접 전하는 등, 설득을 위한 말하기의 궁극적인 목표는 바로 청자의 이러한 행동 착수이다. 그러니까 헌혈에 대한 설득의 최종 목적지는 헌혈에 대한 결심이 아니라 헌혈에 임하는 행동인 것이다. 최근 25회 전주국제영화제에서 보았던 영화 〈시리아 수영선수 사라Long distance Swimmer-Sara Martini〉(2023)에서 사라는 스피치의 끝에서 청중에게 말한다. 기후위기에 대해 이제는 망설이지 않고 거리에서 지구의 미래를 위해 시위하듯이, 난민 관련하여서도 지금의 상황이 옳지 않다고 거리에 나와 외쳐달라고.

그러나 설득을 위한 말하기의 최종 목표가 청자의 행동이기는 하되, 오늘 한 번의 설득으로 상대가 그 자리에서 헌혈을 하게 되리라 기대하는 것은 당연히 과욕이다. 오늘 이 자리에서 누군가에게 헌혈이 필요하다는 인식을 불어넣은 다음 헌혈의 절차를 이해시키고 잘못된 편견을 불식하고 나면 훗날 어떤 자리에서 바로 그 사람이 헌혈에 동의하거나 헌혈하겠다는 결심을 굳힐 가능성이 훨씬 커지는 것이다. 세일즈맨이든, 정치인이든, 환경단체의 일원이든, 구애를 하는 연인이든, 그러한 미래를 생각하며 지금 열심히 상대방의 인식을 바꿔보고자 설득하는 것이다.

한 사람의 행동을 변화시키는 일도 쉬운 일이 아닌데, 대중을 대상으로 설득 스피치를 한다면 그들의 행동을 변화시키기까지 상당히 긴 시간이 필요할 수밖에 없다. 캠페인이란 긴 기간 반복적이고 지속적인 설득 과정을 수행하는 것이다.

게다가 청중은 자신이 가진 신념을 지지하는 정보를 듣고 싶어 하고 반대의 정보는 피하려는 경향이 있다. 입장을 바꿔 생각해 보면 화자인 나 자신도 그러하다는 것을 인정할 수 있을 것이다. 이렇게 '필터링'을 할 것이라고 예상되는 청중을 인정하고 설득에 임해야 한다. 그리고 문화권마다 차이가 있음을 알고 이에 적합한 설득의 방법을 고려해야 한다. 청중이 적극적으로 스피치에 빨려들 수 있도록 유도하고 계속 독려하며 설득을 해나가야 한다. 한번 설득 스피치를 들은 청중이 행동을 변화시킬 것을 기대하기보다는 합리적인 정도의 변화를 요구하는 것이 바람직하다. 이를 위해서는 주장이 일관되고 논리적이어야 한다. 동시에 감성에 호소하는 일 또한 경시해서는 안 된다. 공감대를 넓히며 마음을 움직이는 일도 중요하다는 점을 염두에 두자.

신뢰의 3요소—능력, 인격, 카리스마

설득을 위한 말하기를 할 때 가장 기본적으로 지켜야 할 것은 신뢰성credibility을 가지고 설득해야 한다는 것이다. 내가 누군가를 신뢰한다면 그것은 어떤 요인들 때문인지 생각해보자. 만일 그 사람이 전문가인데다가, 빤질대며 자기의 이익만을 대변할 것 같지 않고, 왠지 모르게 보고 있으면 힘과 열정이 느껴져 기분좋은 상대라면, 그의 말에 대한 신뢰가 깊어질 것이다. 신뢰는 이렇듯 크게 세 가지 요소에 의해 구성된다.

첫째는 능력competence으로, 이는 특정 주제에 대한 전문성과 지식을 가리킨다.

둘째는 인격character으로, 도덕성이나 정직성, 한곳에 치우치지 않음 등의 기본 인성이 주는 느낌이다.

셋째는 카리스마charisma로, 주제에 대한 열정과 청중에 대한 호의의 합체가 생동감 있는 카리스마를 만들어낸다고 할 수 있다. 진정으로 이 주제를 좋아하는 마음과 이 이야기를 청중에게 간곡하게 전하고 싶은 마음이 화자의 카리스마를 형성하는바, 말하는 사람에게서 느껴지는 에너지, 열정, 주제에 대한 성실함 등이 솔직하고 힘있게 분출될 때 사람들은 그의 카리스마를 좋아하게 된다. 이 세 가지 요소가 화자에 따라, 같은 화자라도 주제에 따라 조금씩 다르게 나타나면서 화자의 신뢰도를 구성하고 이 신뢰도는 듣는 사람에게 상당히 큰 영향을 줄 것이다.

자신에게 절실한 문제의식이 있고, 청중이 선한 행동을 하도록 변화시키고 싶다면 그 과정에서 한 번의 작은 스피치도 중요한 역할을 할 수 있다는 생각으로 성실히 임하자. 단번에 행동 변화를 욕심낼 것이 아니라 이번 기회를 통해서 '인식→이해→동의

→ 행동'이라는 네 가지 단계 중 어디라도 도달할 수 있다면 의미 있다는 생각으로 설득에 임하는 자세가 필요하다.

KEY 설득의 노하우

과도한 욕심을 버리고 상대방의 생각에 잔잔한 파문을 일으키겠다는 마음으로 임한다.

주장의 근거와 행동 방법에 대한 명확한 지침을 이해시킨다.

큰 논제 자체에 대한 동의를 단번에 얻으려 하기보다 작은 주장에 대한 동의부터 얻는다.

유정아의 서울대 말하기 강의

치명적 오류 잡기: 인신공격, 일반화, 비약
—설득 스피치 ③

20세기 폴란드가 배출한 걸출한 작곡가 크시슈토프 펜데레츠키 Krzysztof Penderecki는 공산독재정권 시절에도 소련 권부에 개의치 않고 소신 있게 작품들을 써내곤 했다. 폴란드 연대자유노조Solidarity 의 위탁을 받아 1970년대 반정부 저항운동중 숨겨간 이들을 기리는 〈라크리모사〉를 작곡해 훗날 이를 폴란드 레퀴엠으로 확장, 발전시키기도 했다. 그에게 작곡을 위탁한 이가 바로 레흐 바웬사Lech Walesa이다.

바웬사는 연대노조 최초의 의장이자 폴란드 초대 직선 대통령이었다. 1943년 목수의 아들로 태어나 직업학교를 졸업하고 그단스크 조선소에서 전기공으로 일했다. 당시 거리에서 시위를 벌이던 사람들이 총에 맞아 쓰러지는 것을 목격한 후 참된 노조를 위한 투쟁에 뛰어들어 인권과 자유를 위해 싸운 공로로 1983년 노벨평화상을 받기도 했다.

바웬사는 폴란드뿐 아니라 국내외 노동자들의 카리스마 넘치는 지도자였지만, 말을 못하기로 유명했다. 다른 정파에서 바웬사의 말에 반대 의견을 낼 수 없었던 것은 바웬사가 무슨 말을 하는지 알아들을 수 없었기 때문이라는 우스갯소리가 있을 정도였다고 한다. 오늘날과 같은 미디어 선거 시대에는 치명적 약점일 텐데, '말 못하는 후보'란 대체 어떤 사람을 일컫는 것일까.

말을 잘하는 데는 어떤 표준화된 틀이 있는 게 아니라고 여러 차례 언급했다. 유창하게 술술 말한다고 해서 그 사람이 꼭 좋아지는 것은 아니며, 투박하게 한두 마디 던지며 조용히 있는다고 해서 그 사람이 우스워지지도 않는다. 조용한 가운데 던지는 말 속에 진심이 배어 있으면, 유창한 말 가운데 상대와 세상에 대한 관조와 애정이 느껴진다면, 그 사람은 말을 잘한다는 인상을 줄 수 있다. 말하기에 황새와 뱁새가 따로 있지 않으니 누가 누구를 좇아 하다가 혀 꼬이고 몸 다칠 일이 아니다. 유창미부터 투박미, 비장미, 숭고미, 성실미까지 사람의 말이 주는 미감은 대단히 다양하다. 유전자와 배움과 경험이 각기 다른 사람이 말을 하는 만큼, 그 아름다움의 빛깔도 다 다른 것이다. 따라서 자신에게 맞는 말하기 방식에 담을 내용을 고민하면 된다.

반대로 말을 잘 못하는 데는 표준화된 틀이 있는 것 같다. 거짓

유정아의 서울대 말하기 강의

이거나 무언가를 감춘 말, 진심이 아닌 판에 박힌 상투적인 말, 다른 사람에게 상처를 주기 위한 말, 실은 자신의 의견에 불과하면서 검증된 사실인 것처럼 하는 말, 안 해야 할 말, 해도 그만 안 해도 그만인 말, 했던 말을 자꾸 반복하는 말, 현학적이거나 어려운 말, 대중에 영합하거나 잘 보이기 위한 말, 치명적인 오류를 담은 말 등이 그 예이다. 대개 선거 전 정치인들 사이에서 이런 말들이 난무한다. 다소 오래된 사례이긴 하지만 2007년 대통령선거 전에 들었던 말에 치명적인 오류가 담겨 있었다.

"그 말은 반대 진영에 몸담고 있는 사람의 말이기 때문에 우리는 신뢰할 수 없습니다."

이 말이 치명적인 오류를 담고 있는 이유는 다음과 같다. 첫째, 말의 내용을 보지 않고 말하는 사람의 성향만으로 그 사람의 말을 반박했다(인신공격). 둘째, 자신의 소망을 사실로 치환해 듣는 이를 교란했다(그는 신뢰하고 싶지 않아서 신뢰할 수 없는 것이다). 셋째, 결국 이 말은 하나의 진영에 속한 자신의 말 또한 반대 진영 사람의 말과 마찬가지로 타인의 신뢰를 받을 수 없음을 인정하고 있는 꼴이다. 반대 진영의 사람은 그 입장에 충실한 말만을 할 것이라 추정한 그 말은, 모든 사람은 자신이 속해 있는 입장에 충실한 말만을 하고 사는 것이라는 사고로 확장되며, 그렇다면 결국 그 말을 하고 있는 자신도 자신의 진영에 충실한 말을 하고 있는 것일 뿐 객관적 진실을 말하고 있지 않다는 결론에 도달하게 된다. 그는 진정 몰랐을까, 이 자승자박의 근거를.

나도 한번 그를 흉내내어 치명적인 오류를 범해보겠다. 그런 말을 하는 사람은 민주주의 정당정치를 할 자격이 없는 사람이며 (성급한 일반화), 저마다 갖게 된 입장으로부터 자유롭지 못한 말만을 하고 사는 이 사회를 난 떠나고 싶어진다(과도한 비약).

연유의 오류와 증거의 오류

오류란 '논리의 법칙을 따르지 않았기 때문에 흠집 난 논증'이다. 부당한 논증, 가짜 논증, 또는 도덕적으로는 잘못이 없으나 틀린 판단, 논증형식은 옳은 듯 보이지만 실상은 그릇된 추리가 오류이다. 스피치나 토론에서 논리 전개를 하면서 빠지기 쉬운 논리적 오류는 크게 인과의 오류와 증거의 오류로 나누어볼 수 있다.

인과의 오류는 제대로 된 이유를 대지 못하는 것을 말한다. 관련 없거나 실제 사건을 만들어내지 않은 원인을 거론함으로써 논제와 동떨어진 추론을 하는 경우, 반대 논거를 제시하지 못하고 상대의 이름을 거론하며 악의적으로 비방하고 인신공격하는 경우가 인과의 오류에 해당한다.

증거의 오류는 자신의 의견을 사실인 것처럼 포장해 가치관을 증거로 대거나, 주제로부터 주의를 돌리기 위해 관계없는 정보를 의도적으로 언급하는 경우,* 충분한 근거 없이 몇 개의 예를 들어 성급하게 일반화하는 경우 등을 들 수 있다.

오류를 범하지 않으려는 노력은 주장과 근거 간의 보장 관계를 항상 점검하는 자세에서 시작된다. 나의 추론이나 근거가 논리적으로 확실히 주장과 연관된 것인지 늘 점검하자. 그리고 타인의 설득에 노출되었을 때, 즉 설득을 소비할 것인지 말 것인지를 가늠할 때도 논증에 이러한 오류는 없는지 꼼꼼히 따져보아야 한다. 기본적으로 설득 스피치를 들을 때 다음 질문들을 던져보면, 올바른 판단을 내리는 일이 한층 쉬워진다.

---

* 이를 red herring이라고 하는데, 훈제청어가 왜 갑자기 주제로부터 주의를 돌리는 오류에 등장하는 건지 그 연유가 재미있다. 원래 회색빛의 청어는 연기에 그을리는 훈연 과정을 거치면서 겉면이 붉어지기 때문에 훈제청어를 레드헤링이라 부르는데, (나는 개인적으로 아주 좋아하는 콤콤한 향이 나는 맛있는 음식이지만) 엄청난 냄새를 풍겨 눈살을 찌푸리게 하는 것으로 유명하다. 사냥개들이 사냥감을 좋을 때 사냥감의 냄새를 흐리게 하기 위한 방법으로 훈제청어를 던지면 개들이 사냥감에 집중하지 못하는—즉 계속 쫓아가지 못하는—데에서 유래한 말이다. 이 말에 희생된 훈제청어에 대한 사랑을 나는 멈출 수 없지만, 이러한 종류의 영악한 말 돌리기 방식은 훈제청어가 아니라 상해버린 청어처럼 누구에게든 역겨운 느낌을 주므로 지양하는 것이 옳다.

설득의 효과적인 소비자가 되기 위해 던져야 할 질문들

— 연사는 해당 주제에 대해 잘 알고 있는가

— 추가 정보를 어디에서 얻었는가

— 이 정보원은 믿을 만하며 편견이 없는가

— 이 견해를 수용했을 때 진정 이익이 있는가

— 논증에서 사용된 증거가 가치 있는가

— 나는 이 증거들을 믿을 수 있는가

— 이 논증은 논리적인가

— 이것은 진정 좋은 정보인가

— 이 정보는 나와 밀접한 관련이 있는가

— 이에 대해 어떻게 하면 더 잘 알 수 있는가

— 어떤 추가 질문을 던져야 정확하고 믿을 만한 정보를 얻을 수 있는가

— 이 정보는 진정으로 논증을 지지하는가, 혹은 재미있기만 하고 실상은 논증과 관련 없지는 않은가

— 주장과 논제가 충분히 지지되었는가

유정아의 서울대 말하기 강의

KEY

말을 잘하는 데는 어떤 표준화된 틀이 있는 게 아니라고 거듭 강조했지만, 말을 잘 못하는 데는 표준화된 틀이 있는 것 같다. 거짓이거나 무언가를 감춘 말, 진심이 아닌 판에 박힌 상투적인 말, 다른 사람에게 상처를 주기 위한 말, 실은 자신의 의견에 불과하면서 검증된 사실인 것처럼 하는 말, 안 해야 할 말, 해도 그만 안 해도 그만인 말, 했던 말을 자꾸 반복하는 말, 현학적이거나 어려운 말, 대중에 영합하거나 잘 보이기 위한 말, 치명적인 오류를 담은 말 등이 그 예이다.

5장

말하기 맞춤 강의 3
토론

토론은 시끄러워야 한다

토론debate이란 어떤 논제에 대해 찬성자와 반대자가 논리적인 근거를 들어 자신의 입장을 발표하고 상대의 논거가 부당하다는 것을 명백하게 드러내기 위한 말하기의 한 형태이다. 토의discussion란 여러 사람이 모여 어떤 공동의 문제에 대해 가장 좋은 해답을 얻기 위해 협의하는 말하기의 한 형태로, 토론은 넓은 의미에서 토의의 일종이라 할 수 있겠다. 토론은 문제의 대립점에 대해 긍정과 부정으로 나뉘어 대립을 전면에 나타내는 것이고, 토의는 문제 해결을 위해 의견을 조율하는 형식이다. 하지만 궁극적으로는 둘 다 더 나은 어떤 것을 위해 생각을 나누는 말하기라는 점에서 공통점을 찾을 수 있다.

'통일을 위하여' '경제를 살리기 위한 좋은 방안을 모색하기 위하여' 같은 주제를 놓고서는 토의를 하고, '통일, 꼭 해야만 하는 것인가' '통일의 방식은?' '성장인가, 분배인가' 등의 논쟁거리에 대해서는 각기 다른 입장을 가진 사람들끼리 토론을 한다.

그러나 토론의 논제 한 차원 위를 생각해보면 그 대립되는 지점을 승화시키는 새로운 지점(변증법에서의 정반합의 원리와 비슷하다고도 하겠다)이 있다. 통일의 방식을 놓고 대립한다는 것은 통일이 필요하다는 대전제 아래에서 가능하며, 성장과 분배 모두 '잘 살기' 위해서('잘 산다'는 것에 대한 해석이 또 다를 수 있다) 고민하는 것이다. 그러기에 토론 또한 문제 해결을 위해 모여 이야기하는 것이란 면에서 토의의 한 형태로 종속될 수 있는 것이다.

흔히 우리가 방송에서 보는 MBC 〈100분 토론〉 등의 TV 토론은 기본적으로 자유 토론에 가깝다. 비록 사회자가 논제의 쟁점을 이끌어가며 토론자들을 지목하여 질문을 던지고 말이 길어지면 제재를 가하는 등 중재자의 역할을 하지만 말이다. 목청을 높이고 인신공격을 하거나 다른 토론자의 말을 끊고 말하는 등 머리채만 안 잡았지 난투극이 벌어질 때도 있다. 혀를 차고 흉을 보면서도 때론 토론을 관전하는 재미가 쏠쏠하다.

요즘은 많이 나아졌지만, 자신의 생각을 언어에 담는 훈련을 잘 받지 못한 채 성인이 된 사람들이 텔레비전 토론 프로그램에 나와 토론하는 모습을 보면 자신만의 등대를 비추고 사는 고립된 섬들끼리의 대결 같다는 생각이 든다. 자신의 주장만을 강하게 내세우면서 타인의 의견을 들을 때는 답답하다는 표정을 감추지 않고 그 의견을 무시하고 반박하는 장면들을 독자 여러분도 많이 보셨을 것이다. 직접 경험해본 적이 있을지도 모른다. 영어나 여타 외국어 학원에서 자유 토론을 할 때 자신의 의견을 부족한 '말발'로 표현하려니 마음만 앞서서 어느새 극단주의자가 되어 얼굴이 벌겋게 달아오른 채 토론을 마감하게 됐던 기억. 충분한 논리 위에 정립된 생각이라면 그럴 리 없겠지만, 입장을 위한 입장, 견해를 위한 견해를 가진 경우 근거를 대기 어렵다. 그냥 내가 그렇게 생각하게 되었으니까 그게 맞다는 식이다.

언젠가는 이런 교수 패널도 있었다. 늦은 밤 생방송으로 진행되는 토론중 시청자의 전화를 받는 시간이었는데, 한 시청자의 생각이 그 패널의 생각과 달랐다. 전화를 끊고 사회자가 그 교수에게 답변, 혹은 반박의 차례를 넘기자 그는 '이렇게 자정이 넘어서까지 텔레비전 토론 보시다가 연결이 힘든 방송국 전화까지 하는 분이 정상이겠느냐'는 식으로 말을 했다. 어이가 없어서 내 귀를 의심할 지경이었다. 논제에 대해 찬성자와 반대자, 생각을 달리하는 사람들이 모여 논리적인 근거를 말하고 검증하고 반증하는 토론의 장이 시장통 주먹다툼 판보다 못한 지경으로 전락한 것 아니겠는가.

토론의 지평을 넓히려면

사람들은 모두 다른 생각을 갖고 살아간다. 예전에 택시를 탔는데 신촌 앞이 꽉 막혀 도로에 한참을 서 있었다. 기사분이 창밖의 사람들을 내다보다가 문득, "참, 어떻게 다 저렇게들 다르게 생겼냐"고 새삼스럽게 하시는 말씀을 듣고는 함께 웃으며 이런저런 대화를 나눈 기억이 난다. 생김새가 다르고 순간순간의 행동이 다 다른 것과 마찬가지로 머릿속 생각도 저마다 다르니 세상이 이렇게 시끄러운 거라고. 시끄러운 게 정상이라고. '민주주의란 원래 좀 시끄러운 것'이라고들 하지 않던가. 시끄럽지 않고 고요한 상태는 전체주의 국가나 일인독재 정권하의 태풍전야 때나 가능할 것이다.

토론은 시끄러워야 한다. 그러나 그것이 일방적 입장, 근거 없는 주장에서 비롯된 것이어선 안 된다. 다양한 의견과 논리적인 근거들에 의한 시끄러움이어야 하는 것이다. 토론을 하는 이유는 손쉽게 합의하기 위함도, 앞에 있는 상대를 단번에 설득하기 위함도 아니다.

토론은 토론자들과 논제, 규칙과 형식, 그리고 청중으로 구성된다. 토론은 청중의 판단을 염두에 둔 말하기 과정이다. 요즈음의 청중은 선전이나 선동에 현혹되거나 세뇌당하지 않는다. 청중은 주장을 뒷받침하는 새로운 근거를 듣고, 토론자를 통해 몰랐

던 사실을 알아가며, 그것이 반박에 대한 논박으로 지켜지는 과
정을 보면서 새로운 인식을 형성해간다.

만일 내가 청중이나 제3자라면 어떤 근거를 들었을 때 토론자
에게 마음을 주게 되는지를 바꿔 생각해보아야 한다. 그렇게 한
다면 토론의 지평을 좀더 넓힐 수 있지 않을까 생각한다.

KEY

토론은 시끄러워야 한다. 그러나 그것이 일방적 입장, 근거 없는 주장에서 비
롯된 것이어선 안 된다. 다양한 의견과 논리적인 근거들에 의한 시끄러움이
어야 한다.

논리적인 토론을 위한 설계 방법

토론을 조금 더 정교하게 정의해보자면, 어떤 문제에 대해 긍정과 부정으로 대립하는 두 팀이 주장과 검증, 의논을 되풀이함으로써 가장 적합하다고 여겨지는 결론을 도출해내는 과정이라 할 수 있다. 한자어 '討論'을 풀이해보면 말을 쪼개거나 나눠 돌아가며 진행하는 것이고, 영어의 'debate'의 어원을 풀이하면 '말로 하는 싸움', 즉 논쟁에 가깝다.

우리는 청중으로서 자유로운 미디어 토론에 노출되어 있고 직접 토론에 참여하는 토론자가 되더라도 그 토론은 틀이 짜여 있지 않은 자유 토론이 대부분이다. 하지만 기본적인 토론의 구조와 방법을 익히는 데는 형식을 갖춘 토론 훈련이 더 낫다. 시간제한이 있는 형식에 맞춰 토론하다보면 토론의 기본 요소들이 무엇인지, 자신의 주장을 입증하고 상대의 주장을 검증하기 위해서는 어떤 것들이 필요한지 확실히 체화할 수 있기 때문이다.

훈련과 실전을 통한 CEDA 토론

CEDA cross examination debate association 토론은 훈련과 실전을 통해 토론하는 방법을 익힐 수 있는 좋은 도구 중 하나이다. 서울대 학생들을 포함해 대학생 토론대회에 참가하는 많은 학생들이 말하기 관련 과목에서 CEDA 토론을 하며 토론하는 방법을 익힌다. 토론자들이 두 명씩 찬성과 반대 팀을 이뤄 정해진 시간 내에 입론과 교차 조사, 반박 등 각각 세 번의 발언 기회를 갖는다. 결국 모든 종류의 자유 토론이란 이러한 기본 구조의 변형이다. 건축도 집의 뼈대를 제대로 짠 탄탄한 설계도면을 바탕으로 하여 집의 외관을 구성하는 것처럼 자유 토론도 CEDA 토론을 도면 삼아 훈련해볼 수 있다.

입론이란 각 토론자들이 토론을 시작하는 말이다.

주로 주장(논제)과 개념 정의, 근거가 되는 쟁점들로 구성된다. 입론을 포함해 전체 토론은 논제, 개념 정의, 증명, 교차 조사, 반증, 필수 쟁점, 대체 방안 등으로 구성된다.

논제란 자신이 주장하고자 하는 명제이다.

바라는 결정의 방향을 분명하고 정확하게 표현하는 논제가 좋으며, 찬반 어느 한 편에 유리한 정서를 담은 표현은 배제하여야 한다. '남에게 피해를 주는 길거리 흡연은 금지되어야 한다'는 문장은 구호이지 토론의 중립적 논제로는 부적절하다. '길거리 흡연은 금지되어야 한다'로 담백하게 바뀌어야 한다.

논제는 현상을 변화시키는 방향의 주장으로, 변화를 요청하는 쪽이 찬성측, 현상을 유지하자고 주장하는 쪽이 반대측 토론자가 된다. 당대의 중요한 현실 문제 중 찬반이 팽팽한 의제를 택한다.

논제를 정하고 나면 토론 과정에서 논의되어야 할 주요 개념들을 올바르게 정의해주어야 한다.

이는 대개 찬성의 논제를 제시한 측이 맡게 된다. 전체 토론의 첫 발언자인 찬성측의 첫번째 토론자가 이 역할을 한다. '길거리'란 어디까지를 말하는 것인지, 흡연과 금지라는 단어 자체에 대해서도 적절하게 한계 짓고 정의를 내림으로써 관전자와 반대측이 논제에 대해 명확히 이해할 수 있게 해준다. 개념 정의를 어떻게 하느냐에 따라 찬성의 입지와 반대의 입지가 정해진다. '길거리'를 넓게 정의하면 금지의 범위는 넓어지고 찬성측의 금지 의지는 강해지며, 반대측은 그 여집합을 자신들의 입장으로 삼는 것이다.

찬성측이 내린 개념 정의에 대해 반대측은 이견이 있을 수 있지만 큰 무리가 없는 한 이에 따르는 것이 규칙이다. 찬성측의 개념 정의가 자신들의 주장을 관철시키기 위한 억지 정의인지 아닌지는 보는 사람이 판단한다. 그 밖의 개념 정의에는 논제가 등장하게 된 배경과 역사, 그 논제를 지금 여기에서 논하는 당위와 논제의 위상 등도 폭넓게 포함된다.

찬성측은 이제 왜 길거리 흡연이 금지되어야 하는지를 증명해야 한다. '그냥 그게 싫어서' '나는 안 피우니까'가 아니라, 길거리 흡연을 금지했을 때의 사회적 이해득실 등을 따져 꼼꼼히 논거를 뒷받침해야 한다.

필수 쟁점이란 수많은 잠재적 쟁점 가운데 찬성측이 자신들의 논제를 증명하는 데 가장 적합하다고 판단한 주요 쟁점을 말한다.

깨끗한 공기를 마실 권리, 건강 문제, 길거리 흡연을 금지하는 국가가 늘어나는 추세 등 논증을 위한 쟁점은 다양하다. 설득의 기본 구조인 주장과 근거, 보장(근거가 주장을 얼마나 뒷받침하는지 주장과 근거의 지지 관계)을 생각하며 논제를 지지할 쟁점들을 선택한다. 논제는 주장이고(반대측은 반대 주장) 쟁점은 주장을 충분히 보장하는 근거들인 셈이다. 찬성측이 얼마나 본질적이고 핵심적인 쟁점을 끄집어내느냐가 토론의 전체 방향을 좌우한다.

찬성측과 반대측의 논제와 이에 대한 증명(즉 입론)이 벽돌을 쌓는 과정이라면 교차 조사cross examination는 이 벽돌이 탄탄하게 쌓였는지 이곳저곳 두드려보고 상대 벽돌의 취약 부분을 찾아내는 논리적 감정鑑定의 과정이다.

반대측은 불분명한 논점을 정확히 따져 묻고, 제시한 자료의 출처나 신빙성의 결함 등을 지적한다. 2차 흡연자들의 건강에 미친 영향에 대한 보고서의 신빙성을 물을 수 있고, 흡연자의 권리를 비흡연자의 권리와 대조해 물을 수 있겠다. 답변의 기회를 주는 개방형 질문이 아니라 '예/아니요'라고 단답형 답변이 나올 질문을 통해 상대의 허점을 보는 이가 깨닫게 하는 것이다. 법정을 다룬 외국 영화 등에서 배심원 앞에서 변호사가 증인에게 묻는 질문들을 떠올려보면 쉽게 이해할 수 있을 것이다.

반대측은 이 교차 조사를 통해 드러난 벽돌의 허점과 자신들의 반대 주장의 근거를 바탕으로 찬성측의 논제를 반증한다. 찬성측이 제시한 필수 쟁점 중 논박하지 않은 부분이 있으면 그것은 찬성측의 논리가 받아들여지는 것으로 간주되므로 하나하나 빼놓지 않고 반박한다.

만약 찬성측의 논거 중 길거리 흡연자 옆을 지나는 사람들의 불쾌함을 인정하고 어느 정도 법적인 제재가 필요하다는 것을 인정한다면 반대측은 대체 방안을 제시한다. 예를 들면 '정류장 같은 많은 사람이 모여 있는 장소'로 한정된 길거리 흡연 금지 방안이라든가, 처벌이 있는 금지가 아니라 캠페인을 펼친다든가 하는 제3의 방안 말이다. 그러나 대체 방안의 성급한 제시는 반대측의 입장이 모호하거나 기반이 취약하다는 느낌을 줄 수 있음을 명심해야 한다.

토론자들의 마지막 발언인 반박에서는 상대의 주장을 다시 한 번 정리하고 교차 조사를 통해 드러난 논리의 허점을 지적하면서 상대 주장의 불합리성, 부적절함, 부당성을 제시한다. 그리고 자신들이 지적받았던 허점에 대해 반박한 후, 기존 주장을 입체적으로 확장, 재정립한다. 반박은 반대측부터 진행하는데, 이는 현 상황을 변화시키자고 주장하는 찬성측이 늘 현상유지파보다 어려운 입장에 있기 때문이다.

그래서 전체 토론의 마지막 발언은 찬성측의 두번째 토론자가 하게 된다. 이 마지막 발언자가 지켜야 할 규칙이 있다. 이후에는 반대측의 발언 기회가 없는 것을 명심하고 새로운 제안을 하지 않아야 한다는 것이다. 비장의 무기를 가지고 있다가 상대가 더이상 대응할 수 없을 때 꺼내 쓰는 싸움이 비겁한 것과 같은 이치이다.

위에 적어놓은 토론의 구조를 읽으면서 어떤 이들은 이것이야말로 토론을 위한 토론이 아니냐, 생생하지 못한 토론의 전형이 아니냐고 할 수도 있겠다. 그러나 CEDA 토론 실습으로 많은 학생들이 기본기를 충분히 다지고 발전하는 모습을 보았다. 논제에 등장하는 용어에 대한 개념 정의를 통해 주장의 범위를 확실히 함으로써 주장을 돌아보는 것, 왜 이 이슈가 현재의 맥락에서 중요한지를 되새기고 청중에게 알리는 것, 주장의 근거를 논리적으로 따져보는 것, 날카로우면서도 중립을 유지하는 질문으로 상대의 논거를 점검해보는 것, 상대방이 드러낸 허점을 심층적인 사고로 반박하면서 주장을 확장하거나 다시 세워보는 것. 이것은 집으로 치자면 가스, 전기, 수도를 배관하는 일과 같다. 만약 이 모든 것을 미디어 토론에서 보고 자랄 수 있다면 아이들은 학교에서 토론을 배우지 않아도 될 것이다.

어떤 논제에 대해 찬성 혹은 반대로 깊이 있는 토론을 준비하는 과정은 그 의제에 대한 앎을 심화시켜주며, 세상 모든 의제의 전후 주변에 다들 이 정도의 복잡한 사정이 있음을 알게 해준다. 거의 '의제들에 대한 감정이입'이라고 할 만하다.

아, 그리고 명심할 한 가지! 이러한 토론의 규칙들을 배우고 훈련해 '좋은 토론자'가 되었다고 해서, 기회가 부족하여 토론의 규칙을 익히지 못한 이들의 거친 토론을 무시해선 안 된다는 점이다.

그건 두 가지 이유 때문이다. 하나는, 배움이 무학無學을 소외시켜선 안 된다는 너무도 당연한 이유에서이다. 토론이 오히려 사회의 어떤 계층을 배제할 수 있음을 잊지 말자. 다른 하나는 반대의 이유이다. 정당한 토론의 규칙을 익히지 못한 것이 아니라 알고도 모르는 척 치사하게 토론에 임하는 인사들에게 당하지 말아야 한다는 것이다. 만일 그런 얕은수를 쓰는 토론자가 있다면, 앞서 언급한 '사람 잡는 말의 오류들'을 숙지하여 영리하고 강하게 대적하는 것이 유일한 방법이다.

토론은 말로 하는 싸움, 즉 논쟁이라고 볼 수도 있지만 싸우지 않기 위해, 싸움-bate으로부터 벗어나기de- 위해 서로 나누는 말이라고 볼 수도 있다.

KEY

토론은 싸우지 않기 위해, 싸움-bate으로부터 벗어나기de- 위해 서로 나누는 말이다. 토론의 정의에 비춰볼 때 당신은 토론을 진정으로 좋아하는 사람인가.

문제를 제대로 파악한 후에 준비하라

2023년 10월 시작된 팔레스타인-이스라엘 전쟁을 둘러싸고 세계 곳곳에서 이스라엘의 공격을 비난하는 시위가 벌어지고 있다. 특히 미국의 유수 대학들에서 일어난 학생들의 시위에 학교당국이 강하게 대처하지 않았다는 비난으로 하버드대학교 총장을 맡고 있던 클로딘 게이라는 여성 정치학자가 총장직을 물러나는 일까지 일어났다. 학내시위에 제대로 대처하지 않은 잘못을 저질렀다며 이 아이비리그 대학의 총장을 국회 청문회에까지 세웠고, 수많은 유대계 기부자들의 기부를 염두에 두고 매우 완곡한 표현으로 답변한 게이 총장에게 '당신은 반유대주의에 가담한 셈이다'라는 낙인을 찍어버리고 이후 논문 표절이니 하는 지저분한 혐의를 덧씌워 스스로 사직하도록 내몰았다.

아이티 이민 가정 출신의 흑인 여성이라는 편견도 작용한 점이 있겠으나, 문제의 본질은 두 국가(양쪽 다 상대를 국가로 인정하지 않는다) 간의 전쟁과 갈등을 종식하고 평화를 추구하는 시위세력의 핵심 주장을 '반유대주의'로, 그 시위에 강하게 대처하지 않은 대학당국을 반유대주의에 영합하는 것으로 밀어붙인 미국 내 유대 세력의 문제 정의 선점에 있다고 보인다. 이 전쟁과 관련하여 일어나는 시위들은 그 본질을 말하자면 '평화주의'라고 할 만한 것이지 부당한 전쟁에 반대하는 논리를 '반유대주의'라고 규정하는 것은 '이슬람 혐오'라고 하는 것만큼이나 부당한 것이다.(이 책을 마무리하는 지금 시점에 미국을 포함한 전 세계 대학들에 다시 반전시위가 들불 일 듯 번지고 있으며, 교수들조차 학생들을 보호하는 움직임을 보임에도 불구하고, 정부당국은 학내에 대학생 외 다른 세력이 있다는, 어디서 많이 들어본 말들을 하면서 학생들을 체포하고 있다.)

정곡을 찌르는 개념은 어디에서 나오는가

생명과 관련된 논쟁을 쟁점으로 토론을 진행하다보면 대개 생명을 옹호하는 입장보다 그 반대측이 불리한 위치에 놓이게 된다. 예를 들면 안락사를 허용하거나 낙태에 찬성하는 주장이 그렇다. 뱃속의 태아도 생명이므로 생명은 존중되어야 한다고 주장하는 낙태반대론자들pro-life에 의해 낙태찬성론자들은 인간의 생명을 경시하는 반생명anti-life 세력으로 매도되었고, 사회의 폭넓은 지지를 받지 못했다. 그런 상황에서 찬성론자 진영이 생각해낸 개념은 바로 '선택옹호pro-choice'였다. 찬성론자들은 '우리는 반생명주의자가 아니라 친선택주의자다'라는 개념을 내세웠다. 그리고 자신들이 생명에 반대하는 것이 아니라 자유의지에 의한 인간의 선택을 존중하는 것이라는 정의를 채택했다. 이후 이들의 주장은 힘을 얻었다.

정책을 만들든 어떤 주장을 하든 정곡을 찌르는 개념을 선택하는 일이 참으로 중요하다. 정곡을 찌르는 개념은 제대로 된 문제 정의problem definition에서 나온다. 문제 정의란 사회적으로 이슈가 되는 문제의 본질을 무엇으로 파악하고 있는지 개념을 정립하는 일이다.

복지정책을 한번 살펴보자. 국민의 복지란 무엇을 해결해야 하는 것이며 어떻게 해야 그런 상태에 도달할 수 있는가. 노후 연금을 광범위하게 확산해야 하는가, 건강보험 혜택을 늘려야 하는가, 혹은 사회적 차별을 철폐해야 하는가. 만일 정부가 '결국 국민들은 저마다 자기 일을 즐겁게 할 수 있을 때 자신의 복지(행복한 삶)가 성취되었음을 피부로 느낀다'는 결론을 얻었다고 가정해보자. 그렇다면 정부는 '복지란 일자리'라는 개념을 확립할 수 있다. 복지의 문제를 일할 수 있는 기회의 문제로 정의내리고 '일자리'

라는 개념을 정책의 기조로 삼게 되는 것이다.

물론 어떤 방식으로 문제를 정의 내렸다고 해서, 그 정의가 영원하거나 보편적일 수는 없다. 어느 시대에는 일자리가 복지의 관건이었다가, 세월이 흐르고 사회가 변화하면서 새로운 다른 것이 해결되어야 비로소 국민들이 행복을 느낀다고 판단되면 이번에는 그것이 복지의 개념으로 자리잡는다. 성평등 문제도 노동시장의 성차별에만 국한해 생각하던 시각에서 직장뿐 아니라 가정, 학교 등 사회 전방위의 차별이나 폭력으로부터 그간 눈에 보이지 않았던 의무의 불균형까지 고려하는 시각으로 확대되었다. 이제 성평등은 기본적인 의식 문제로 자리잡았다. 문제 정의가 진화한 것이다. '이것이 문제'라고 인식하기 시작하면서부터 문제도 진화하고 문제를 보는 시각도, 이를 해결하려는 정책당국과 국민도 다 함께 진화한다. 진화하며 경합하는 여러 문제 정의들 중 우세한 어느 하나가 채택된다.

문제를 무엇으로 정의하느냐 하는 것은 그 문제의 본질을 무엇으로 보는 것이냐이고, 이는 그 대안을 위한 적확한 근거를 댈 바탕이므로 중요한 일이다. 사형제를 폐지하자는 주장에 대한 근거로 사형집행인의 심리적 타격이나 범죄자의 수감생활에 들어가는 경제적 비용에 대한 저항, 전 세계적인 사형제 폐지 추세, 실질 사형집행의 미실시(이상은 부차적인 근거들) 등보다 본질적인 것은 인간이 법을 근거로 다른 인간을 죽음으로 몰고갈 수 있느냐의 문제, 사형제로 인한 범죄율 경감의 실효성(주요 근거) 등이라고 할 것이다.

학생들이 토론에서 훌륭한 근거들을 제시하는 경우를 보게 되는데, 기억에 남는 것은 길거리 흡연을 금지해야 한다는 주장에 대한 반대측의 근거였다. '흡연자의 권리를 박탈하려는 사회는 언젠가 비흡연자의 권리도 박탈할 가능성이 높은 사회이므로, 어떤 집단에 대해서도 억압을 하는 것에 손을 들어줄 수 없다'는 것이었다. 이는 흡연자와 비흡연자의 이해가 반대되는 것이라는 얕은 생각에 빠져 있는 청중을, 정부의 정책을 겪는 수용자라는 측면에서 묶어주면서 더 깊은 사유를 통해 비흡연자라 할지라도 흡연자의 입장에서 생각해볼 기회를 마련해준다. 이 근거를 댈 수 있었던 길거리 흡연 금지의 문제 정의는 비흡연자를 위하는 정책이라기보다는 '사회에 불필요한 제재를 가하려는 정부의 지나친 개입'이었을 것이다. 이처럼 문제 정의를 어떻게 하느냐에 따라 그 문제를 보는 새로운 시각, 차원 높은 논의와 다른 해결책에 이를 수 있다.

KEY

내가 문제라고 여기는 것을 무엇이라고 정의하느냐에 따라 그 문제의 해결 방향이 달라지며, 깊이 있는 성찰 끝에 문제의 본질을 찾으면, 차원 높은 논의를 거쳐 보다 성숙한 대안에 이르게 될 것이다.

내 주장의 설득력과
상대의 마음을 동시에 얻는 방법

"더불어 말할 만한 사람과 말하지 않으면 그 사람을 잃는 것이고 더불어 말할 만하지 않은 사람과 말하면 내 말을 잃는 것이다."

공자님 말씀이다.

나와 다른 생각을 가진 사람은 더불어 말할 만한 사람인가, 더불어 말할 만하지 않은 사람인가.

영혼에도 영혼마다의 색깔과 무게와 치열함이 있는 듯하다. 영혼의 색깔은 서로 달라도 깊이를 겨룰 만하다면 말할 만한 사람이다. 또 깊이는 덜하더라도 그 빛깔을 가지게 된 치열함이 있다면 그 또한 더불어 말할 만하다고 생각한다. 더불어 말할 만하지 않은 사람이란 나와 다른 생각을 가진 사람이 아니라, 자신의 생각을 회의하지도, 점검하지도, 성찰해보지도 않는, 그야말로 바겉만 딱딱하고 속은 얕은 인간군이다.

크리스토퍼 놀란의 초기 영화 〈메멘토〉(2001)를 보며 마음에 새겼던 것은 기억의 자의성이었다. 기억하고 싶은 것은 저장하고 기억하고 싶지 않은 것은 고쳐서 입력하는 우리 인간이란 얼마나 영악한 동물인지. 기억이 그러할진대 환경, 학습, 경험에 대한 기억에서 형성되는 각 개인의 '입장'이란 또 얼마나 왜곡되고 치우쳐 있기 쉬울 것인가. 사람들은 첨예하게 나뉘는 수많은 견해와 입장으로 대립한다. 하지만 과연 올바른 근거를 토대로 자신의 견해를 확립한 것인지 가끔 스스로를 돌아봐야 한다. 그렇게 성찰한 끝에 나온 입장과 견해로 자신의 빛깔을 만들어나가는 사람들과 더불어 말하고 살 수 있다면 '내 말'과 '그 사람'을 다 얻으며 사는 것이리라. 같은 생각을 가진 사람들과 친구가 되는 것이 더 쉽지만 다른 생각을 가진 사람과의 토론을 통해 우리 영혼의 빛깔이 더 아름답고 깊은 빛을 띨 수도 있다고 생각한다.

상대측 토론자마저 압도한 비결

서울에서 태어나 서울 바깥에서 살아본 적이 없는 나는 중심부의 삶을 살았다고도 할 수 있다. 물려받은 유전자, 살아온 시대, 전공, 일을 하면서 겪은 일들, 가족사, 만나는 사람들 등이 결합해

지금의 '나의 생각'을 형성했을 것이다.

서울내기인 나의 관심사는 전국적인 의제, 혹은 기껏해야 서울의 의제에 그치곤 했다. 그러던 어느 날 내게 〈집중진단 제주〉라는 KBS 제주방송총국의 토론 프로그램을 진행할 기회가 주어졌다. 이어서 춘천 KBS에서 강원도의 의제를 다루는 〈집중진단 강원〉, 대구 KBS에서 경북지역의 문화 이슈를 다루는 〈TV 문화전〉 등 세 곳의 지역 방송 프로그램을 진행하게 되었다.

몇 달간은 이 세 프로그램 진행이 겹쳐 마치 축지법을 쓰는 홍길동처럼 눈썹을 휘날리며 일주일에 하루는 제주, 하루는 춘천, 하루는 대구를 누비기도 했다. 방송사를 그만둔 내게는 생계를 위한 일이기도 했고, 멀리서 방송하는 후배를 찾아주시는 선배나 선배와 방송하고 싶다는 지역국의 후배 프로듀서에 대한 감사의 답이기도 했다. 그리고 이들 프로그램을 진행하는 것이 무엇보다 서울내기인 내가 중심부적 사고를 벗어나 지역의 현안을 공부할 수 있는 좋은 기회라고 여겼다.

〈집중진단 제주〉를 진행하면서는 늘 놀러 다녀오던 제주공항을 업무차 딱 100번 오갔다. 국회방송의 〈여의도 초대석〉을 포함해 지역과 전국적 의제를 다루는 여타 토론 프로그램, 국회의원 후보자 토론회 등을 모두 300회 가까이 진행하며 족히 1천 명이 넘는 패널을 만났을 것이다. 정치인, 교수, 지방자치단체의 고위 공무원, 업계 인사, 시민단체의 실무진, 문인과 종교인까지. 영혼의 빛깔과 깊이, 치열함이 각양각색인 토론자들로 하여금 견해의 정곡을 짚게 하고, 이들로부터 근거에 대한 사실 정보를 보다 자연스럽게 나오도록 하는 것이 사회자인 나의 역할이었다. 그중 가장 인상적이었던 토론자 중 하나는 〈집중진단 강원〉에 출연했던 한 환경시민단체의 활동가였다. 사무국장쯤의 지위에 있던 그는 내 또래 여성이었다.

강원도는 2003년 당시 백두대간 보호에 관한 법률 제정을 앞두고 도내 여론이 들끓고 있었다. 당시 강원도민들은 국가에서 시행하는 대부분의 개발정책이 서울 이남에만 치중돼 있다는 점에 상대적 박탈감을 느끼고 있었다. 중앙정부가 강원도를 단지 '아름다운 경관을 지닌 관광지'로만 여길 뿐 정작 강원도민을 위해 더 나은 경제 여건을 마련해주지 않는다는 것이었다. 여름이면 각지 사람들이 차를 끌고(요즘은 KTX노선이 생겼지만, 강원도는 당시 자가용을 제외하면 변변한 교통수단이 없는 편이었다) 와서는 강원도 산과 바다의 경치만 즐기다 떠난다는 것이다. 심지어 피서객들은 차 안에 먹을 것을 미리 다 챙겨와 현지에서는 음식도 많이 안 팔아주고 돈도 안 쓰면서 쓰레기만 남기고 떠난다고도 했다. 강원도민 사이에서는 그러한 피해의식이 팽배해 있었다. 그러한 타지 사람들에 대한 불만은 근거가 있는 것이었다.

그런데 그런 상황에서 백두대간을 보호하고 자연 훼손을 방지하기 위해 아예 법적으로 개발을 막는다니, 강원도민으로서는 선뜻 받아들이기 힘든 처사였을 것이다. 더군다나 국가에서 개발을 금지하겠다는 백두대간은 백두산에서 시작해 금강산, 설악산, 태백산, 소백산을 거쳐 지리산으로 이어지는 광대한 산줄기이다. 강원도민들도 물론 '국토의 건전한 보전'과 '쾌적한 자연환경 조성'이라는 입법안의 선한 취지를 충분히 이해하고 있었다. 하지만 그렇다고 해서 강원도민이 영원히 개발과는 담쌓은 농민이나 어민, 관광지 사람으로만 살아야 하느냐는 이유 있는 항변들이 이어졌다. 전 국민을 위해, 생태계를 쾌적하게 유지하기 위해, 애오라지 강원도민만 소외되는 것이 옳으냐는 것이었다.

이런 분위기 속에 우리 〈집중진단 강원〉 팀은 백두대간 보호법을 둘러싼 논란을 토론 주제로 잡았다. 강원도민들은 백두대간 보호에 관한 법률 제정을 막아야 한다는 입장이었는데, 앞서 이야기한 여성 토론자는 이에 대한 반대측으로, 즉 법 제정을 찬성하는 패널로 초청되었다. 제주도의 현안을 다뤘던 〈집중진단 제주〉에서도 개발이냐 보존이냐, 경제냐 환경이냐를 놓고 맞섰던 적이 많았기 때문에 나는 어느 정도 그러한 종류의 주제에 이골이 나 있었다. 환경을 중시하는 이들은 환경을, 경제를 중시하는 이들은 경제를 이야기하리라 예상했다. 이들 가치관끼리 맞서면, 자신이 따르는 가치가 당신의 가치보다 중요하다고 우기는 것 외에 별 논박이 오가지 못했던 터였다.

토론이 시작되었다. 강원도민 다수의 입장을 대변하던 한 교수가 그간의 묵은 원망을 표출했고 감정이 고조되었다. 그는 "국가가 우리의 경제적 이익을 위해 애쓰는 것은 고사하고, 상대적 박탈감을 느끼는 도민의 정신적 피해를 보상해야 한다"고 역설했다. 한번도 강원도민의 입장에서 생각해본 적 없으면서 상처 난 데 소금 뿌리는 격으로 백두대간 보호법을 제정한다니, 백두대간 보호법이 아니라 '강원도민 보호법'이 나와야 할 지경이라는 것이었다.

그런데 고요하게 앉아 있던 환경시민단체의 그 여성 토론자는 첫 발언에서 법 제정의 취지와 사실 관계를 찬찬히 언급하더니, 상대의 이야기를 귀기울여 듣고 수긍하기도 하면서 자신의 논지를 펼쳐나갔다. 놀랍게도 그는 환경을 보호해야 한다는 논리를 근거로 삼지 않았다. 그는 환경의 중요성, 백두대간 보호의 타당성의 근거로 경제의 논리를 앞세웠다. 경제의 논리에 따라, 백두대간을 보호하는 것이 어째서 강원도민에게 이득이 되는지 차근차근 경제적으로 환산하여 설명해나갔다.

그간 내가 접했던 환경론자들은 '환경이 중요하다'는 가치관을 막무가내로 내세우기 일쑤였다. 그들은 환경을 보호해야 한다는 가치관을 어째서 모든 사람이 공유할 수 없는지 답답해하며 상대방을 이해하지 못했다. 그러나 그들의 말마따나 '이해할 수 없는' 상대를 앞에 두고 어떻게 상대방과 토론을 하며 그들을 설득할 수 있겠는가. 그런 연사마저 꽤 봐왔던 차에, 환경을 지켜내면 미래에 더 큰 이득을 얻을 수 있다는 환경운동가의 논리는 참신하기 그지

없었다. 그는 백두대간을 개발하지 않고 보존했을 때, 말하자면 환경을 지켜냈을 때 얻을 수 있는 경제적 이득을 수치로 제시했다.

그의 침착한 논지와 겸손한 말투에 상대측 토론자도 압도되는 것이 느껴졌다. 토론 중간에 받은 시청자 전화 건너편의 강원도민조차도 왜 강원도민의 입장을 이야기하는 사람 중엔 저런 토론자가 없느냐며 출연한 교수님을 부끄럽게 했다. 만일 강원도민 진영에서 열악한 도민들의 경제적 이익을 도모하는 것이 결국 진정으로 환경을 수호하는 길이며, 백두대간을 지속 가능하게 지킬 수 있는 방법이라는 논지를 펼쳤다면 멋진 논리의 대결이 될 수 있었을 것이다.

세상에는 저마다 다른 경로로 다른 생각을 하는 사람들이 산다. 이들이 충돌한다. 가만히 들어보면 자신의 말로 자기를 옭아매는 경우도 많다. '전교조 선생님들이 이 나라 애들을 망쳐놓는다'는 식의 확대 논리는 '나의 생각은 내가 학창 시절을 보냈던 유신 시대의 반공 논리가 만들어낸 것'이라는 고백과 다름없다. 아이들은 자발적으로, 독자적으로 사고할 수 있다. 그럼에도 어째서 아이들이 선생님의 생각만을 주입받는다고 믿는 것인가. 그러한 사고방식은 어디에서 나온 것인가. 자신의 말대로라면 그런 생각을 말하는 사람은 자신이 받았던 반공 이데올로기 교육으로부터 자유롭지 못함을 인정해야 할 것이다. 자신이 받았던 반공 이데올로기와 같은 것이 주입된다면 걱정 없을 텐데, 다른 사고 방식이 주입되는 것 같아 걱정일 뿐인 것이다. 그렇다면 그는 어떤 근거로 자신이 받았던 교육이 진실임을 증명할 것인가.

우리가 펼치는 대부분의 주장은 자신의 논리, 자신의 세계 안에서만 맞는 이야기이다. '환경이 이처럼 중요한 것이기 때문에' 혹은 '도민의 경제적 여건 개선이 절실하기 때문에'라는 근거 아래 자신의 논리는 다 맞는다고 착각한다.

하지만 그러한 논리가 서로 맞물릴 만한 접점을 찾지 못하면 두 논리는 평행선만을 그릴 뿐이다. 상대의 논리를 근거로 자신의 논리를 설명할 수 있을 때 두 논리는 포물선도 그리고 직선, 곡선도 그리면서 만나고 헤어지다가 궁극에는 뫼비우스의 띠처럼 겉과 속, 안과 바깥을 구별하기 힘든 오묘하고 아름다운 해답이 될 수 있을 것이다. 그날의 빛나던 토론자는 우리가 그런 아름다운 해답을 얻을 수 있으며 그러기 위해 노력해야 함을 일깨워주었다.

KEY

우리가 펼치는 대부분의 주장은 자신의 논리, 자신의 세계 안에서만 맞는 이야기이다. 상대의 논리를 근거로 자신의 논리를 설명할 수 있을 때 두 논리는 만나고 헤어지다가 궁극에는 뫼비우스의 띠처럼 겉과 속, 안과 바깥을 구별하기 힘든 오묘하고 아름다운 해답이 될 수 있을 것이다.

유정아의 서울대 말하기 강의

그들이 토론에서 진 이유

토론에서 이긴다는 것은 상대가 내세우는 논거의 모순을 지적하고 자기 논거의 정당성과 합리성을 보여 상대가 반론을 펴거나 논박할 수 없도록 하는 것, 즉 논파論破하는 것을 말한다. 그렇다면 이 논파란 상대를 독 안에 든 생쥐로 만드는 것을 말하는가. 그렇지 않다.

서울대에서 말하기 수업을 하던 시절, 해마다 학생들을 이끌고 대학생 토론대회에 참가했다. 말하기 수업을 수강하는 제자들과 서울대 말하기 동아리 '다담' 학생들로 구성된 우리 참가단은 두 사람씩 한 조를 이뤄 대개 10여 팀이었다. 참가단은 대회 전 함께 모여 열심히 훈련했다. 논제, 즉 주장에 대한 근거들을 수집해 쟁점화하고 이 근거들이 왜 주장을 뒷받침하는지 보장할 수 있는 근거들을 마련했다. 또 상대가 반박할 만한 근거들을 재반박할 준비도 했다. 교차 조사가 있는 CEDA 토론 방식이니 차근차근 상대의 허점을 파헤칠 질문들도 준비했다.

대회는 리그 형식으로 논제에 대해 찬성, 반대를 번갈아 해보는 것으로 진행되었다. 열심히 준비한 우수한 제자들은 한 차례의 토론을 마치고 나올 때마다, "선생님, 우리가 잘한 것 같아요. 상대가 우리의 쟁점에 대해 반박을 못 했어요" 혹은 "상대방의 근거에 대해 우리가 교차 조사를 통해 완전히 물고 늘어져 심사위원도 고개를 끄덕이는 걸 봤어요" 등등 자신감을 드러내며 상기된 얼굴로 결과를 기다렸다.

그러나 결과는 반타작쯤 되었다. 완벽하게 잘하진 못했지만 논리적으로 상대를 압도했다고 여겼던 팀들 중 절반이 우수수 첫번째, 두번째, 세번째 라운드에서 떨어진 것이다. 대체 무엇 때문이었을까, 승리를 예감했던 그들은 왜 패배한 것일까.

사람의 마음은 논리로만 움직일 수 없다

그날 저녁, 다음날 본선에 진출하게 된 네댓 팀과 그날 예선에서 고배를 마신 더 많은 팀들과 함께 술잔을 기울이며 패인에 대해 이야기를 나누었다. 모두 우승을 위해 출전한 것도 아니었고 대학생 토론대회의 취지 자체도 학생들의 토론 문화 형성과 그를 위한 체계적 훈련의 필요성을 인식하게 하기 위한 것이지만, 그래도 무엇이 토론에서 이기고 지게 하는 것인지를 알고 돌아가야 이를 마음에 새길 것이기 때문이었다.

각 팀의 경험을 종합해보건대, 진 팀들의 패인은 논파의 즐거움에 매몰되어 상대를 배려하지 못하고 궁지에 빠진 상대를 끝까지 몰고 갔다는 데 있었다. 토론에 참여한 상대방과 토론을 지켜보는 이까지 모두 자신의 주장을 납득하게 하려면 보는 이의 마음을 움직여야 한다. 사람의 마음은 꼭 논리적으로 옳은 것에만 움직이지 않는다.

물론 말과 사물의 이치가 맞아야 함logos은 기본이지만, 말하는 자의 정직성과 윤리성ethos, 상대를 배척하거나 타도하지 않고 진심으로 설득하려 하는 듯한 선한 느낌pathos 등이 함께 작동할 때 비로소 마음은 움직인다. 학생들이 논리로 상대방을 이기고 있다고 자신한 바로 그 순간, 보는 이의 마음을 움직이는 데 실패한 것이다. 논리적이고 정직하며 윤리적이기는 했겠으나, 상대를 압도해 이기고 싶다는 욕망이 보는 이로 하여금 오히려 논파당하는 쪽에 마음을 주게 만든 것이다.

주장하고 설득하되 이기려들지 않는다는 것이 참 어려운 일이긴 하다. 그러나 토론을 관전하거나 참여해보면서, 그의 말이 맞는 듯하지만 왠지 그가 싫어 손을 들어주지 않았던 경험이 분명 있을 것이다. 사람은 마음을 가진 존재이기 때문이다.

그날 이후 토론 수업에서 꼭 빼놓지 않고 학생들에게 전하는 것은 화광동진和光同塵이라는 어구이다. '내 빛을 엷게 하여 먼지와 같이 하다'라는 뜻이다. 이 말은 세상이 꼭 빛나는 어떤 것으로 채워지거나 움직이지 않는다는 쓸쓸한 진리를 상기시키기도 하지만, 세상과 사람을 좋은 의도로 바꿔나가고 싶은 '빛나는 존재'들이 세상을 얻으려면 자신의 빛을 엷게 하여 세상의 먼지와 나란히 할 줄 알아야 한다는 귀한 진리를 일깨워준다.

다음날 본선에서는 담담하게 논지를 펼치던 팀들이 좋은 성적을 거뒀다. 그날 제자들은 한 번의 패배로 인생에서 승리보다 더욱 값진 교훈을 얻은 것이 분명하다.

KEY

사람의 마음은 꼭 논리적으로 옳은 것에만 움직이지 않는다. 말하는 사람의 정직성과 윤리성, 상대를 배척하거나 타도하지 않고 진심으로 설득하려는 선의 등이 작동할 때 비로소 마음은 움직인다.

유정아의 서울대 말하기 강의

6장

말하기 맞춤 강의 4
인터뷰

훌륭한 대답보다 좋은 질문을

이 장의 목표는 인터뷰가 진행되는 방식과 형식을 알아보고 인터뷰어(질문자), 혹은 인터뷰이(답변자)로서 보다 효과적으로 인터뷰에 임하는 방법을 안내하는 것이다.

인터뷰는 질문과 응답으로 이루어져 있는 말하기이다. 일상의 대화에서부터 방송이나 면접 등 공식적인 틀을 갖춘 것에 이르기까지 인터뷰는 폭넓게 적용된다. 'interview'라는 말은 '속' '사이'라는 뜻의 'inter'와 '바라봄'이라는 뜻의 'view'가 어우러져 구성된 단어이다. 이처럼 인터뷰라는 단어의 어원에서 알 수 있듯이, 인터뷰는 서로 마주앉아 눈을 마주하고 상대의 마음을 들여다보며 소통하는 것을 전제로 한다. 즉 대면 커뮤니케이션이 인터뷰의 주종을 이룬다. 그러나 오늘날에는 이메일이나 전화로, 혹은 화상 회의의 방식으로도 인터뷰를 진행한다. 특히 회사가 몇 단계의 인터뷰, 즉 면접을 거쳐 직원을 뽑는 경우 첫번째나 두번째 관문은 집단 인터뷰나 전화 인터뷰로 치르고, 마지막 단계에서 일대일로 얼굴을 마주하는 경우가 많다.

'그 어떤 훌륭한 대답보다 하나의 좋은 질문이 더 훌륭하다'라든가 '답변으로 그 사람을 판단하지 말고 질문으로 그 사람을 판단하라'는 말들이 있는 것을 보면, 좋은 질문을 던질 수 있는 능력이 좋은 답변을 할 수 있는 능력보다 더 높이 평가되기도 하는 것 같다. 친구와 진지한 이야기를 할 때, 누군가를 처음으로 만났을 때, 혹은 업무상 취재를 하거나 기타 공적인 자리에서 사람들을 만났을 때, 우리는 인터뷰 성격을 띤 대화를 나눈다. 이때 질문하는 능력을 향상시켜보자. 상대의 눈높이를 염두에 두고 어떻게 하면 그에게서 세상 사람들이 들으면 좋을 정수精髓를 끌어낼 수 있을지 고민하고 질문을 준비해보는 것이다. 좋은 인터뷰란 사람의 마음을 움직여 진심을 말하도록 하는 것이란 점을 늘 기억하라.

〈장밋빛 인생〉에서 배우는 좋은 인터뷰

이 장을 통해 좋은 인터뷰어의 자세와 방법을 익히고, 인터뷰이의 시각에서 내가 임하는 인터뷰가 어떤 유형에 속하는지를 분류해보자. 이는 인터뷰이로 임하는 올바른 자세 또한 생각해보게 해줄 것이다. 좋은 인터뷰란 지켜보는 제3자도 감동할 수 있는 인터뷰라 하겠다.

2007년 개봉했던 영화 중 불멸의 샹송 가수 에디트 피아프의 일생을 다룬 〈장밋빛 인생〉 마지막 부분에 인상적인 인터뷰 장면이 나온다. 명민한 눈빛의 젊은 잡지사 기자가 바닷가에서 뜨개질을 하고 있는 늙고 병든 피아프를 찾아가 고요하고도 예의 바르게 인터뷰를 한다. 여기에 그 장면을 대략적으로 옮겨본다.

― 인터뷰를 허락해주셔서 고맙습니다.

내가 감사하죠.

― 질문 목록을 준비해왔지만 생각나는 대로 여쭈어볼게요.

(끄덕끄덕)

― 가장 좋아하는 색은 무엇인가요?

Le bleu. 푸른색이요.

― 가장 좋아하는 음식은요?

쇠고기 정식.

― 삶을 현명하게 살고 싶은가요?

이미 그런걸요.

― 가장 신뢰할 만한 친구들은 누구인가요?

진정한 친구라면 모두 믿음직해요.

— 만약 노래를 못하게 된다면 어떨지 생각해본 적이 있나요?

더이상 사는 게 아니지요.

— 죽음이 두려우신가요?

외로움이 더 두려워요.

— 일하면서 가장 벅찼던 순간은 언제였나요?

매번 무대의 막이 오르는 순간.

— 가장 좋지 않았던 기억은 무엇인가요?

Le premier baiser. 첫 키스요.

— 혹시 밤을 좋아하시나요?

네. 봄빛이 반짝이는 밤을요.

— 새벽은요?

피아노와 친구들이 있다면.

— 여성들에게 건네고픈 충고가 있으세요?

Aimez. 사랑하라.

— 특히 젊은 여성들에게 전하고픈 조언은요?

Aimez. 사랑하라.

— 아이들에게는요?

Aimez. 사랑하라.

— 지금 누구를 위한 옷을 뜨고 계세요?

누구든 이 옷을 입어줄 사람이요.

진심을 담은 좋은 질문이 없다면 진심어린 답변은 나오지 않는다. 아니, 지혜로운 사람이라면 누가 어떤 바보 같은 질문을 던지더라도 우문현답할 수도 있겠다. 현명한 질문이든 어리석게 들리는 질문이든, 바닷가에 밀려오는 파도처럼 묻고 답하는 두 사람 사이의 기운이 전해질 때, 그 아름다운 운율이 느껴질 때 우리는 큰 쾌감을 느낀다. 그처럼 리듬이 느껴지는 인터뷰를 만들어보자.

KEY

좋은 질문을 던질 수 있는 능력이란 좋은 답변을 할 수 있는 능력보다 더 높이 평가된다. 진심을 담아 묻자.

인터뷰 유형에 따른 핵심 노하우

인터뷰는 비공식적인 일상의 대화에서부터 공식적으로 순서가 짜인 질문에 답하는 형식까지 폭넓고 다양하다. 이루려는 목적에 따라 그에 맞는 형식을 따르면 된다. 대개 방송을 통해 접하는 인터뷰는 인터뷰를 통해 구하려는 것이 무엇인가에 따라 의견 인터뷰, 정보 인터뷰, 인물 인터뷰로 대별해볼 수 있다.

의견 인터뷰란 어떤 문제를 놓고 상대의 의사를 듣는 인터뷰이다. 토론 프로그램에서 사회자가 질문하고 연사가 답변하거나, 어떤 사안에 대해 전문가의 의견을 구하는 것 등을 말한다. 이때 인터뷰어는 주제에 관해 명확히 알고 있어야 하며, 구체적이고 직접적인 질문을 던져야 효과적이다. 상대의 의견이 자신의 것과 물론 다를 수 있다. 마음에 안 드는 의견이라도 이를 묵살하거나 무시해선 안 되며, 자신의 입장을 설득하려 해서도 안 된다.

정보 인터뷰란 어떤 문제에 대해 권위 있는 사람에게서 정보를 구하는 인터뷰이다. KBS에 〈무엇이든 물어보세요〉라는 오랜 정보 프로그램이 있다. MC와 전문가들로 구성된 출연자들이 묻고 답하는 내용들은 대부분 정보와 관련한 것이다. 인터뷰어는 최소한의 지식을 잘 갖추고, 자신이 궁금한 것이 아니라 시청자나 제3자들이 궁금해할 것을 질문하고 답변을 잘 들은 후 꼭 필요한 후속 질문을 하고, 질문은 한 번에 한 가지씩만 한다.

인물 인터뷰란 한 사람이 살아온 역정을 듣고, 삶의 지혜를 구하는 인터뷰이다. 휴먼 다큐멘터리 프로그램 등에서 진행되는 인터뷰가 이에 속한다. 하나의 큰 주제를 인터뷰이에게 던진 후 자유롭게 대화하는 형식으로 인터뷰를 한다. 그 와중에 나오는 주옥같은 이야기를 이삭 줍듯 줍는 방법이 있을 수 있다. 또다른 방법은 당시의 화젯거리나 이슈 등 작은 주제에 관한 이야기를 인터뷰이에게 하나하나 던지면서 그에 대한 답변들로 그 사람의 생각과 특성을 보여주는 형식이다.

유정아의 서울대 말하기 강의

인터뷰의 구조화 정도에 따른 구분

앞의 유형들이 인터뷰를 통해 얻으려는 바로 분류된 것이라면 이 번에는 인터뷰의 구조화 정도에 따라 비공식 인터뷰, 지침화된 인터뷰, 표준 개방형 인터뷰, 양적 인터뷰로 나눠볼 수 있다.

비공식 인터뷰는 묻고 답하는 식의 일상적인 대화라고 생각하면 된다. 가령 친구가 치른 입사 면접에 대해 이야기하는 것도 이에 해당한다. 친구가 질문을 하면 면접을 치르고 온 친구가 이에 답할 것이다. 주제는 정해져 있지만 각각의 질문은 대화 도중에 만들어진다. 상대 친구는 면접 본 친구가 경험한 것에 대해 잘 물어보아 비공식적으로 정보를 얻는다. 그러나 이때도 너무 자기가 알고 싶은 것에 대해서만 질문해선 안 된다. 친구가 '정보를 얻기 위한 도구가 되었다'는 느낌을 갖지 않도록 해야 할 것이다.

지침화된 인터뷰는 방송 프로그램에서처럼 주제가 미리 정해져 있지만 질문과 구체적인 이야기는 인터뷰어가 진행 상황에 따라 이끄는 경우를 말한다. 이러한 인터뷰의 경우 상황 변화에 자신의 방식대로 대처할 여지가 있어 효과적이다.

표준 개방형 인터뷰란 입사 면접과 같은 경우이다. 열린 질문(흔히 말하는 주관식 질문)이 주어지며, 질문 순서가 미리 정해져 있다. 인터뷰이의 답변을 표준화해야 할 때 효과적인 인터뷰이다.

여러 명의 인터뷰이에게 같은 형식으로 같은 질문을 던짐으로써 이들의 답변을 비교, 평가한다.

양적 인터뷰란 연구자가 특정 주제에 관한 조사를 진행할 때 주로 활용하는 인터뷰이다. 질문과 순서가 정해져 있고 답변은 범주화되어 있다. 양적 인터뷰는 통계 분석이 수행될 때와 많은 양의 정보를 수집할 때 효율적이다.

나는 석사논문의 조사방법으로 심층 인터뷰 방식을 택해, 10명의 방송사 보도국 선배들을 대상으로 텔레비전 뉴스의 통제 요인에 대한 인터뷰를 행한 적이 있다. 이는 양적 인터뷰가 아닌 표준 개방형 인터뷰로 진행됐다.

기삿거리를 취재하고, 뉴스의 방송 순서를 결정할 때 어떤 요인이 가장 많은 영향을 미치는지, 뉴스 현장이라는 일터에 몸담고 있는 한 '인간'으로서 답할 수 있도록 심층적인 질문을 준비했다. 선배들은 후배를 위해 긴 시간을 내주고 여간해선 비치기 힘든 속내를 보여주었다. 녹록한 일이 아니었겠지만, 인터뷰를 마친 후에는 오히려 개운하고 후련하다는 말과 함께 자신을 돌아보고 점검해볼 수 있는 질문을 던져주어 고맙다는 말을 들을 수 있었다.

눈과 눈을 마주하는 인터뷰란 그런 것이다. 인터뷰어는 인터뷰이로부터 그의 의견이나 정보를 들을 수 있으며 나아가서는 그의 인생에 관한 이야기를 듣고 삶의 지혜도 구할 수 있다. 또 인터뷰이에게는 답변을 하면서 자신을 돌아보고 새로운 생각을 할 계기가 될 수도 있다.

KEY

인터뷰는 비공식적인 일상의 대화에서부터 공식적으로 순서가 짜인 질문에 답하는 형식까지 폭넓고 다양하다. 인터뷰를 통해 구하려는 것이 무엇인가에 따라서는 의견 인터뷰, 정보 인터뷰, 인물 인터뷰로 대별해볼 수 있고, 인터뷰의 구조화 정도에 따라서는 비공식 인터뷰, 지침화된 인터뷰, 표준 개방형 인터뷰, 양적 인터뷰로 나눠볼 수 있다.

질문의 성격부터 파악하라

질문과 답변의 각기 다른 유형에 대해 이해하는 것은 질문에 잘 답변하기 위해서나 질문을 보다 효과적으로 하기 위해서, 즉 효과적인 인터뷰이와 인터뷰어가 되는 데 모두 필요한 작업이다. 몇 가지 차원으로 질문의 유형을 나누어보면, ①열린 질문—닫힌 질문, ②중립적 질문—편향된 질문, ③주요 질문—후속 질문, ④직접 질문—간접 질문 등으로 분류된다. 질문을 받았을 때 이것이 어느 유형에 속하는 질문인지 잘 가늠하고 적절히 답변할 수 있어야 한다.

첫째, 열린 질문—닫힌 질문.
질문의 개방성은 답변자가 대답할 수 있는 내용과 형식이 얼마

유정아의 서울대 말하기 강의

나 자유로운지와 관련이 있다. "당신의 꿈은 무엇인가?" "이 회사에 지원한 동기가 무엇인가?" 등의 열린 질문은 답변자에게 무제한의 허용 범위를 제공한다.

반대의 극단에는 "예" "아니요"로만 답변할 수 있는 닫힌 질문이 있다. "서울이 아닌 곳에서 일해도 좋은가?" "프리미어를 자유자재로 사용할 수 있는가?" 등의 질문이 닫힌 질문이다.

열린 질문과 닫힌 질문 사이에 단답형 질문이 있다. "이곳의 매니저로서 어떤 일을 할 것인가?" "컴퓨터 작업 중 어떤 것에 능통한가?" 등의 질문은 상대적으로는 닫힌 답변을 요구하지만, 어느 정도의 자유로움이 허용된다.

답변의 기술 중 중요한 것은 바로 이러한 질문의 개방 수준을 고려하여 적절하게 답변하는 것이다. 그렇게 하면 인터뷰의 흐름을 부드럽게 이어갈 수 있다.

둘째, 중립적 질문―편향된 질문.

"웹디자인이라는 것을 어떻게 생각하나요?"와 "웹디자인에 많은 관심을 갖고 있나봐요, 그렇죠?"라는 두 질문을 비교해보자. 첫 질문은 중립적이어서 어떤 방식의 답변이든 허용하는 것처럼 들린다. 그러나 두번째 질문은 "그렇다"는 답변을 유도하는 편향된 질문이다.

편향된 질문을 너무 많이 하면, 인터뷰이의 숨겨진 재능이나 경험을 끌어내기 힘들다. 인터뷰이의 입장에서는 인터뷰어의 기대가 자신이 옳다고 믿거나 진실이라고 알고 있는 것이 아닌 경우 답변하지 않게 된다. 그러므로 편향된 질문을 던지는 것은 그 자체만으로도 비윤리적인 일이 될 수 있다. 기대에 부응하지 않을 법한 답을 내놓을 때에는 답변의 이유를 명확히 설명하는 것이 좋다.

셋째, 주요 질문─후속 질문.
주요 질문은 주제를 이끄는 역할을 하고, 후속 질문은 이제 막 이야기된 것들을 다듬어 정교하게 해준다. 주요 질문은 너무 많은 반면 후속 질문이 충분하지 않다면 인터뷰의 주제는 다양하되 각 주제를 깊이 있게 파고들지 못할 가능성이 있다. 그러면 듣는 이들의 흥미가 분산되어 인터뷰 내용을 효과적으로 전달하는 데 실패할 수도 있다. 특히 인터뷰이 입장에서도, 어떤 주제에 관한 이야기가 시작되었을 때 후속 질문이 이어질 것을 기대하는데 그렇지 않을 경우 상대가 자신의 말에 관심이 없거나 인터뷰어가 질문을 위한 질문을 던질 뿐 진정으로 듣고 있지 않다고 여기게 된다.

넷째, 직접 질문─간접 질문.
인터뷰 질문의 직접성과 간접성이란 문화에 따라 크게 차이가 난다. 흔히 미국식 사고로 대표되는 서양 문화권에서는 정보 인터뷰든 입사 면접이든 대개 직접 질문으로 인터뷰가 구성된다. 직접 질문이 이어지는 인터뷰에서 인터뷰이는 겸손하기보다는 당당하고 확신을 가진 자세로 자신을 드러내는 것이 보통이다. 반면 동양에서는 다소 간접적인 질문에 따라 자신을 드러낼 것을 요구한다. 즉 인터뷰이가 겸손하고 지나치게 나서지 않는 덕목을 가지기를 요구하며, 그의 경쟁력이 간접적으로 표출되기를 기대하는 것이다.

KEY 질문의 종류

• **열린 질문**: 당신의 꿈은 무엇인가?

• **닫힌 질문**: 서울이 아닌 곳에서 일해도 좋은가?

• **단답형 질문**: 컴퓨터 작업 중 어떤 것에 능통한가?

• **중립적 질문**: 웹디자인이라는 것을 어떻게 생각하나요?

• **편향된 질문**: 웹디자인에 많은 관심을 갖고 있나봐요, 그렇죠?

• **주요 질문과 후속 질문**: 주요 질문은 너무 많고, 후속 질문이 충분하지 않으면 듣는 이의 흥미가 분산되어 인터뷰 내용을 효과적으로 전달하는 데 실패할 수도 있다.

• **직접 질문과 간접 질문**: 직접 질문에는 당당하고 확신을 가진 자세로 자신을 드러내고, 간접 질문에는 겸손한 태도로 지나치게 나서지 않는다.

인터뷰, 방어적인 태도를 버려라

인터뷰어와 인터뷰이가 달성하고자 하는 목적에 따라 인터뷰를 몇 가지 유형으로 분류해볼 수 있다. 설득, 평가, 퇴로, 상담, 정보, 직업 인터뷰 등이다.

첫째, 설득 인터뷰.

인터뷰이를 원하는 결론으로 이끌어가는 인터뷰, 또는 인터뷰이가 질문자를 설득하는 방식으로 답변하는 인터뷰를 말한다. 이 인터뷰의 목적은 상대의 태도나 신념, 행동을 변화시키는 것이다.

우리가 차를 보려고 자동차 대리점에 들어가면 영업사원이 다가와 말을 건다. 그의 목적은 차를 파는 것이다. 우리가 이것저것 차에 대해 물을 때 그는 차를 파는 목적에 부합하게 설득적 요소를 가지고 답변하게 된다. 설득 스피치 장에서 썼던 것과 마찬가지로 설득 인터뷰에서 그 답변이 의도한 설득을 수행할 수 있으려면 정확한 정보를 토대로 해야 한다. 그 차의 우수성에 대한 진실한 정보에 설득적 수사를 입혀야 설득이 가능하다.

둘째, 평가 인터뷰.

인터뷰이가 수행하고 있는 것들 중 잘하는 것을 발견케 하고 잘하지 못하는 점에 대해선 왜 그런지를 알게 해주는 인터뷰이다.

셋째, 퇴로 인터뷰.

회사의 조직원(대개 임원급)이 조직을 떠날 때 그 이유를 물어 알아둠으로써 다른 가치 있는 조직원들이 떠나는 것을 방지하려는 목적의 인터뷰를 말한다. 퇴로 인터뷰를 통해 떠나는 사람을 보다 기분좋게 보내줄 수 있으며, 이는 고용주와 고용자, 즉 인터뷰어와 인터뷰이 모두에게 필요한 좋은 일이다. 우리나라에서 이런 인터뷰가 공식적으로 존재하는 곳은 찾아보기 쉽지 않지만, 비공식적인 자리에서라도 조직을 떠나는 사람과 그 이유에 대해 이야기해보는 것이 서로를 위해 필요하다고 생각된다.

넷째, 상담 인터뷰.

상담 인터뷰는 상대에게 어떤 지침을 제공하게 된다. 인터뷰이가 문제를 해결해 보다 효율적으로 일하고 원만한 인간관계를 맺어 일상생활을 잘 해나갈 수 있게 돕는 것이 상담 인터뷰의 목적이다. 인터뷰어는 일단 인터뷰이의 습관이나 문제점, 자기인식, 인생 목표 등을 잘 알고 있어야 한다. 인터뷰어는 그 정보를 토대로 인터뷰이의 어떤 생각이나 행동을 바꾸라고 설득하게 된다.

다섯째, 정보 인터뷰.

어떤 분야의 전문가로부터 무언가를 배우고자 할 때, 특정한 정보를 얻기 위해 행하는 인터뷰가 정보 인터뷰이다. 인터뷰어는 일련의 질문을 통해 인터뷰이의 견해, 신념, 식견, 관점, 예측, 인생사 등을 알아낼 수 있어야 한다.

인터뷰어로서 정보 인터뷰에 임하는 순서나 지침 등을 생각해본다. 일단 인터뷰이를 선별한다. 내가 알아내고자 하는 정보가 어떤 것인지 생각해보고 그 정보에 적합한 인물을 물색한다. 연락을 취해 친절하고 공손히 인터뷰 약속을 잡는다. 질문 목록을 작성한다. 인터뷰를 시작할 때 인터뷰에 응해준 데 대한 감사를 전하고, 인터뷰이와 친밀감을 형성할 만한 말들로 분위기를 부드럽게 만든다. 인터뷰를 녹음할 필요가 있을 때는 미리 양해를 구한다. 열린 질문을 던지는 것으로 시작해 인터뷰이가 보다 자유롭게 이야기를 풀 수 있는 자리를 제공한다. 인터뷰를 끝낼 때도 다시 한번 감사 인사를 하고, 그로부터 많은 정보를 얻을 수 있었음을 표현한다. 인터뷰를 끝내고 돌아온 이후 감사 편지를 보내거나 전화를 하는 일도 좋은 인상을 남길 것이다.

여섯째, 고용 인터뷰.

고용 인터뷰에서는 많은 양의 정보와 설득이 교환된다. 인터뷰어는 인터뷰이의 관심과 재능, 약점까지도 파악하게 되고, 인터뷰이는 조직의 성격, 수익, 혜택 등에 대한 정보를 알게 된다. 소위 입사 면접이라 부르는 고용 인터뷰를 앞두고 그 일이 자신의 적성과 윤리관 등에 맞아 그 자리에 채용되고 싶다면 일단 철저히 준비해야 한다. 내가 지원한 분야, 직책, 회사, 시사 상식 등 네 가지 방면에 대한 조사로 준비할 방향을 잡아보자.

①자신이 일하려는 분야와 당대의 트렌드를 알아보라. 이에 대한 지식은 자신이 시대에 발맞춰가며 그 분야에 관여하고 있음을 보여줄 수 있다. ②자신이 지원하려는 특정 직책에 대해 알아보고 자신의 재능과 성향이 그 자리에 어떻게 어울리는지를 연구하라. 회사의 홈페이지 등을 방문해 직책에 따른 설명을 읽어보고 자신의 능력 중 그 일을 수행하는 데 적합한 것을 골라 설득력 있게 말해보라. ③그 회사나 조직의 역사와 회사가 내걸고 있는 사명, 작금의 방향 등을 알아보라. 회사에 브로슈어나 뉴스레터, 분기별 혹은 연별 리포트를 보내달라고 요청하여 보거나 홈페이지를 꼼꼼히 보는 방법이 좋다. 조직에 대한 정보를 알게 되는 것은

그 자체로도 유용하며, 인터뷰어는 인터뷰이가 이러한 정보를 얻은 경로를 알게 되면 지원자가 정보 접근력이 상당하다고 여길 수도 있다. 그 어떤 조직에 대해 폭넓은 지식을 갖추고 있다는 것은, 인터뷰이가 그 조직에 관심과 초점을 맞춰왔음을 잘 보여줄 수 있다. ④지금 세계 전반에 어떤 일들이 일어나고 있는지, 비즈니스 세계에는 또 어떤 추세가 있는지를 알아두라. 이것은 인터뷰이가 앎의 폭이 넓고 늘 배움을 멈추지 않는 사람이라는 것을 보여주는 데 도움이 된다.

인터뷰가 진행되는 동안 당신과 조직은 서로의 필요를 충족시킬 수 있을지 꼼꼼히 알아보려고 한다. 당신은 경력에 도움이 될지 알아보고 싶어하고, 회사는 당신이 생산적 자산이 될 만한 효율적인 인재인지 확인하고 싶어한다. 인터뷰라는 것을 어렵게 생각하지 말고, 조직과 개인 모두에게 좋은 것을 얻기 위해 함께 노력하는 기회라고 여기자. 이렇게 상호협력의 틀로 바라보면 인터뷰에 덜 방어적으로 임할 수 있다. 이는 당신을 더 매력적인 잠재적 일꾼으로 보이도록 해준다. 또 면접을 앞둔 사람이라면 당연히 겪게 마련인 정신적 불안과 긴장을 다스리는 데도 이러한 시각을 갖는 것이 도움이 될 것이다.

인터뷰 외에 또 중요하게 준비해야 할 것이 이력서이다. 이력서는 자신의 경력과 경험, 학력, 능력에 대한 필수적인 정보를 요약해놓은 것이다. 이력서를 매력적으로 작성하는 데에도 여러 지침이 있으니 참고하자.

　모든 인터뷰에는 특정한 목적이 있다. 자신의 목적을 확실히 하는 것도 인터뷰 준비의 한 부분이다. 고용 인터뷰에서 인터뷰이의 목적은 당연히 채용되는 것이다. 그 마음이 얼마나 절실한지 스스로 체크해보고 채용되기 위해 자신의 어떤 면을 부각할 것인지 정한다. 그것이 정해지고 나면 인터뷰에 맞는 의상이나 말투, 말의 내용을 준비해나가는 데 한층 가닥이 잡힐 것이다.

　다음으로는 인터뷰에 나올 법한 질문들을 예상해 리허설을 해보는 것이 좋다. 혼자 연습해도 좋고 친구가 면접관처럼 질문을 해줘도 좋다. 선별된 질문을 한번 읽어본 후 인터뷰 장면을 눈앞에 그려본다. 질문에 대해 답변한 후 주위의 제안을 참고해 더 나은 쪽으로 답변을 바꿔본다.

　인터뷰 당일 제시간에 늦지 않게 도착하는 것은 기본 사항이다. 인터뷰에 임할 때는 적절한 눈맞춤과 상호작용을 포함한 대화의 기본 사항을 유념할 것을 제안한다. 어느 나라에 기반을 둔 회사인지, 그 조직 사람들의 기호는 어떤지 등 관습과 차이를 고려해 답변을 달리하는 것도 생각해볼 일이다.

　인터뷰가 끝나고 나면 모든 게 끝났다고 여기지 말고 마음속으로 인터뷰 상황을 되새겨보는 과정을 거치면 또다른 인터뷰의 자산이 된다. 인터뷰 후, 자신이 답변했던 것보다 더 효율적인 답변이 생각나면 어딘가에 써놓아도 좋다. 인터뷰어가 주었던 중요한 정보도 적어놓는다. 인터뷰 중 스스로 느낀 자신의 약점을 보완하고 강점은 더욱 강화하는 방법을 강구하는 것도 인터뷰 후 해볼 만한 일이다.

고용 인터뷰의 최종 작업은, 자신을 인터뷰했던 인터뷰어에게 짤막한 감사의 편지를 보내는 일이다. 물론 인터뷰어로서는 응당 해야 할 일을 했을 뿐이겠지만 인터뷰이로부터 자신을 위해 시간을 내고 배려를 해주어 감사하다는 이메일을 받으면 좋은 인상을 남길 수 있을 것이다. 이때 감사 편지는 격식이 있으면서도 간결해야 한다. 또한 그 조직에 대한 당신의 관심을 다시 한번 언급하고 곧 답신을 받기를 기대한다는 말을 덧붙인다. 이번에 그 일을 하지 못하게 되더라도 다음번 채용할 때 기억해달라는 요청을 할 수도 있다. 이러한 메일은 자신을 또 한번 드러내는 기회가 된다. 당신이 가진 능력과 강조하고 싶었던 부분을 간단히 다시 언급한다. 이 후속 편지는 인터뷰이 전원이 보내는 것이 아니기 때문에 인터뷰어에게 강한 인상을 남길 수 있다.

고용 인터뷰 질문과 답변에 대한 제안

1. 지원 경위와 경력상 목표

— 왜 이 회사를 지원했는가?

— 이 회사에 대해 얼마나 알고 있는가?

— 이 회사의 어떤 점을 가장 좋아하는가?

— 우리와 함께 일하게 된다면 향후 5년간 어느 부서에서 일
하고 싶은가?

— 이 회사를 떠났을 때 얻고 싶은 혜택은 어떤 것인가?

제안

→ 그 회사에 대해 가능한 한 전문적이고 긍정적인 모습을 보
일 것.

→ 그 회사에 대한 당신의 지식을 내보일 것.

→ 장기적 관점, 멀리 내다볼 것. 어떤 회사도 6개월 내에 회
사를 떠날 사람을 뽑고 싶어하지 않는다.

2. 교육

— 당신이 최종 교육기관에서 받은 교육은 어떠했는가?

— 당신이 해당 전공을 택한 이유는 무엇인가?

— 세부 전공은 무엇인가?

— 어떤 과목들을 수강했는가?

— 인턴십을 수행한 적이 있는가? 만일 그런 경험이 있다면,
당신의 책임업무는 어떤 것이었는가?

제안

→ 당신의 교육 경험에 대해 긍정적인 태도를 보일 것.

→ 교육 경험과 지원하는 특정 일을 연결하여 설명할 것.

→ 경쟁력을 보이는 동시에 앞으로도 계속해서 업무와 관련한 교육을 받고 싶다는 관심과 의지를 보일 것.

3. 이전의 경력

– 당신의 경력을 소개하라.

– 정확히 어떤 일을 했는가?

– 그 회사에서 즐겁게 일했는가?

– 그런데 왜 그 회사를 떠나게 됐는가?

– 그 회사에서 했던 일과 이곳에서 하려는 일이 어떤 관련이 있는가?

– 예전 회사에서는 어떤 문제가 있었는가?

제안

→ 역시, 긍정적인 태도를 보일 것. 절대 전직을 흠잡지 말라. 전직을 헐뜯는다면 인터뷰어는 당신이 몇 달 후에 이 일에 대해서도 그렇게 할 수 있는 사람이라고 생각할 가능성이 있다. 특히 전 직장에서 함께 일했던 사람들을 나쁘게 말하지 말라.

4. 특정 경쟁력

– 당신의 이력서를 보니 ○○어를 말하고 쓸 줄 안다고 되어 있다. 우리 고객과 ○○어로 통화하거나 편지 쓰는 것이 가능한가?

– 그 외의 다른 언어는 어느 정도 구사할 수 있는가?

– 컴퓨터 다루는 능력은 어느 정도인가?

– 데이터베이스의 접근력(정보취합 능력 혹은 데이터를 다루는 능력)은 어떠한가?

제안

→ 인터뷰에 가기 전에 일단 자신의 경쟁력을 가늠해볼 것.

→ 자신의 경쟁력을 지원 업무와 관련된 것과 자신의 고유한 장점으로 구분해 가능한 자세히 설명할 것.

5. 정체성, 혹은 일신상의 질문

– 당신이 어떤 사람인지 설명해보라.

– 당신은 무엇을 좋아하는가?

– 당신은 무엇을 싫어하는가?

– 배치받고 싶지 않은 곳이 있는가?

– 다른 사람들에게 피해를 준 적이 있는가?

– 기일에 맞춰 일하는 데 어려움이 있는가?

제안

→ 스스로를 인터뷰어의 입장에 놓고 당신이라면 어떤 사람을 고용하고 싶을지 생각해보라.

→ 독립적으로 일하되 팀의 일원으로서 협력할 수 있는 사람이라는 점을 강조하라.

→ 새로운 상황에도 잘 적응할 수 있는 융통성과 유연성을 가졌음을 강조하라.

6. 신원 보증

— 여기에 적힌 사람들이 당신을 개인적으로나 학문적으로 알고 있는가?

— 어떤 사람들이 당신을 가장 잘 아는가?

— 누가 당신을 가장 잘 보증할 것인가?

— 그 밖에 당신의 능력을 말해줄 수 있는 사람은 누가 있는가?

제안

→ 당신을 잘 알고 있으며 특히 그 일과 관련해서 당신에 대해 특별히 잘 아는 사람을 보증인으로 쓸 것.

질문의 종류

소위 입사 면접이라 부르는 고용 인터뷰에서는 많은 양의 정보와 설득이 교
환된다. 인터뷰어는 인터뷰이의 관심과 재능, 약점까지도 파악하게 되고, 인
터뷰이는 조직의 성격, 수익, 혜택 등에 대한 정보를 알게 된다. 고용 인터뷰
를 앞두고 그 일이 자신의 적성과 윤리관 등에 맞아 그 자리에 채용되고 싶다
면 내가 지원한 분야, 직책, 회사, 시사 상식 등 네 가지 방면을 철저히 조사해
준비 방향을 잡아보자.

부적절한 질문을 받았을 때 대처 요령

미국의 차별시정기구인 고용평등기회위원회EEOC는 직장의 여러 인권 침해 사례에 대응하고 있으며, 고용 면접 시 해서는 안 될 적법하지 않은 질문을 분류해놓았다. 이 책을 처음 썼던 2009년만 해도 우리나라에서는 무언가를 구하는 입장인 인터뷰이 처지에서 인터뷰 질문의 적법성을 문제삼는 경우가 드물었으나 15년 사이 사회가 많이 달라졌다. 대부분의 고용 인터뷰란 인터뷰어가 구직을 하려는 인터뷰이를 선별하여 고용하는 형식으로, 인터뷰어의 상대적 위치가 압도적으로 우세하기 때문에 질문의 적법성이 다소 모호하더라도 인터뷰이가 답변을 강요당하기 쉽지만, 현재는 여러 가지 방식으로 이에 대처하는 경우가 생겨나면서 회사 안에서도 인터뷰 질문들의 적법성이나 적절함을 관리하고 조절하게 되었다.

유정아의 서울대 말하기 강의

적법하지 않은 질문들의 사례

적법하지 않은 질문들은 주로 나이, 결혼 여부, 인종, 종교, 국적, 시민권, 건강 상태, 범죄 기록 등과 관련 있는 질문들이다. "당신은 어떤 언어에 능통합니까?"가 아니라 "당신의 모국어는 무엇입니까?"(종교나 민족을 구별하려는 의도가 느껴지는 질문)라든가, "어디에서 태어났습니까?" "결혼했나요?" "키가 몇입니까?" "체포된 경험이 있습니까?" 등의 질문들이 다 적법하지 않은 질문으로 분류될 수 있다.

사실 인터뷰 시 이 질문이 적법한지 아닌지를 가늠하기가 쉽지 않다. 대체로 질문을 통해 얻으려는 정보가 이 일을 수행하는 것과 관련이 있으면 적법하고, 그렇지 않은 경우 적법하지 않은 것으로 판단하면 될 것이다. 일과 상관없는, 적법하지 않은 질문을 받았을 때는 일단 거부감이 들지 않는 질문에 한해 부분적으로 답변하되 답하고 싶지 않은 부분은 적당히 넘어가는 것이 대처 요령이다.

가령 "어떤 단체에 가입해 있느냐"는 질문(정치 성향, 종교, 민족 등 일과 직접적인 관련이 없으면서 상대방에게 다양한 정보를 제공하는 질문이다)을 받았을 때 당신은 어떻게 답변할지 생각해보라. "제가 이 일과 관련해 가입해 있는 단체가 있다면 ○○한 단체입니다"라고 답변할 수 있을 것이다. 가끔 인터뷰어 자신도 그 질문이 적법하지 않다는 것을 모르는 채 질문하는 경우가 있어서 이러한 답변으로 인터뷰어의 질문이 잘못되었다는 점을 우회적으로 일러줄 수 있다. 계속해서 다그쳐 묻는 경우, 공손하면서도 확고한 태도로 답변을 잇는 것이 좋다.

"제가 언급한 단체들은 이 일과 관련한 경우이며, 그렇지 않은 다른 단체들은 이 회사에서 제 일을 수행하는 능력과 무관하리라고 생각합니다."

고분고분하지 않은 인터뷰이를 곱게 보아 좋은 인터뷰 점수를 매길 수 있을 정도의 역량 있는 인터뷰어가 얼마나 될지 걱정이 되기도 한다. 하지만 적법하지 못한 질문에 확고히 대응한다면, 적어도 해가 지날 때마다 그때의 인터뷰를 떠올리며 수치심을 내려놓지 못해 안절부절못하는 일은 없을 것이다. 무엇보다 그런 적법하지 못한 질문을 거꾸로 되물을 수 있어야, 사회적으로 구직자의 인권에 대한 올바른 인식이 형성되고 구직자가 말도 안되는 질문 때문에 곤혹을 겪는 일이 사라질 수 있을 것이다.

KEY

거부감이 드는 적법하지 못한 질문에는 공손하면서도 확고한 태도로 그 질문이 인터뷰 목적과 상관이 없음을 알리는 것이 좋다.

빛나는 인터뷰의 비법

방송사에서 일을 하다가 뉴욕 크리스티대학원으로 공부하러 떠난 방송계 후배가 있다. 학부 전공이나 주업은 미술과 전혀 관련이 없었지만, 미술평론으로 석사 과정을 마쳤고 그 방면의 책도 쓰며 비주류 작가들에 대한 관심의 끈을 늦추지 않다가 드디어 유학을 가게 된 것이다. 그 후배의 숨겨진 저력도 훌륭하지만 그가 엄청난 능력자들이 모여들어 입학이 까다롭기 그지없는 크리스티대학원 과정의 입학허가를 받아낸 것은 결정적으로 인터뷰 덕이었다.

"선배, 비행기에서 내리자마자 달려가 인터뷰에 응하면서 내가 방송인이었다는 데 정말 감사했어."

인터뷰는 방송 프로그램의 가장 흔한 포맷 가운데 하나이고,

후배는 묻고 답하는 현장에서 수년간 일하면서 무엇을 묻고 어떻게 답해야 하는지에 대한 기본을 익힐 수 있었다.

앞에서도 이야기한 대로, 좋은 질문을 던질 수 있는 능력이 좋은 답변을 하는 능력보다 높이 평가되는 것이 사실이다. 좋은 질문은 상대의 진심과 사태의 진실을 끌어낼 수 있으나 겉핥기 식의 질문은 그것들을 건드리지 못한다. 텔레비전 시사프로그램을 보면서 '저것도 질문이라고 할까'라는 생각을 하며 혀를 끌끌 차거나, 반대로 질문이 끝남과 동시에 침을 꼴깍 삼키며 대체 어떤 답변이 나오는지 기다려본 대조적인 경험이 있을 것이다. 제대로 핵심을 찌르지 못하는 질문에 좋은 답변이 나올 리 만무하다. 이렇듯 좋은 질문을 던질 수 있는 능력을 기르는 것은 매우 중요하다. 다만 어디엔가 지원하고 응모하며 시험을 치러야 할 일이 많은 우리는 좋은 답변을 해야 하는 인터뷰이의 입장에 놓이는 경우가 더 잦다.

서류심사와 시험을 통과한 소수의 경쟁자들이 임하는 면접에서 자신의 본모습을 가감 없이 내보이되 조직을 대표하는 인터뷰어의 마음을 사로잡는 비법은 무엇일까.

첫째, 당당함이다.

나와 조직은 공히 서로의 필요를 충족시키기 위해 그 자리에서 만난 것이다. 나는 학력, 혹은 경력을 위해 그곳에서 공부하거나

유정아의 서울대 말하기 강의

일하기를 원하고, 상대는 자신들 학교의 명예나 회사의 생산적 자산이 될 인재를 뽑기를 원하는 것이다. 그러니 인터뷰를 어렵게 생각지 말고 나와 조직 모두에게 좋은 것을 얻기 위해 함께 노력하는 기회라고 여기자. 이러한 자세는 주눅 들거나 지나치게 방어적인 태도를 취하는 것을 막아준다. 인터뷰를 통해 자신과 맞지 않는 조직이라는 것을 파악하게 되면 애초에 입사하지 않는 것이 나을 때도 있다. 이러한 마음으로 당당하게 인터뷰에 응하자.

둘째, 철저한 준비이다.

그 후배는 면접관들이 물을 만한 질문을 미리 뽑아보고 답변서를 작성해(모국어도 아닌 영어로 준비해야 했으니 거의 달달 외웠다는 것이다) 거울을 보며 연습했다고 한다. 자신이 공부하려는 분야, 당대의 트렌드, 크리스티가 내걸고 있는 사명과 역사, 작금의 미술계 동향, 자신의 재능이나 성향과 그 자리와의 어울림, 그 외 세상의 흐름 등이 다 망라되었다.

셋째, 유연성이다.

꼭 예상한 질문만 나오라는 법은 없다. 예상 밖의 질문이 던져졌을 때 자신의 머릿속 폴더에 축적돼 있던 관련성 있는 이야기를 물고 나와 그 질문과 연결할 수 있다면 금상첨화일 것이다. 후배도 자신이 꼭 이야기하고 싶었던 부분에 대한 질문이 나오지 않자, 조금 다른 질문이었으나 말머리를 살짝 돌려 현대 한국 작가들에 대한 이야기를 했으며, 그 답변이 면접관에게 깊은 인상을 주었다고 했다. 자신만이 답변할 수 있는, 자신이 아니면 들을 수 없는 분야에 대한 이야기를 준비해둔 것이 신의 한 수였다. 답할 것을 답하고 그에 더해 기대 이상의 답을 내놓을 때 인터뷰어는 누구보다 당신을 기억할 것이다.

우문과 현답의 앙상블

아이들이 어렸을 적 어느 1월 눈 내리던 저녁이었다. 기다리던 크리스마스에도, 해가 바뀌어서도 한 번도 내리지 않은 눈이었기에 반가웠지만, 오는 듯 마는 듯 듬성듬성 내려 다음날이면 흔적도 없어질 만큼만 쌓였을 뿐이다. 그래서 별 감흥 없이 집에 들어앉아 있었고, 눈사람을 만들겠다는 작은아이에게 "저런 눈으로는 눈사람 못 만들어" 하고 괜히 눈을 무시하고 원망을 내비쳤다. 갑자기 추워진 날씨에 아이를 내보내고 싶지도 않았고, 학원에서 돌아올 시간이 지나서도 감감무소식인 큰아이 걱정도 되었다.

그런데 둘째 아이 바이올린 선생님이 들어오면서 "장호가 바깥에서 눈사람을 만들고 있어요" 하는 것이었다. 이 말을 듣고 맨발로 쫓아나온 둘째와 함께 나가보니 아이가 가방을 둘러멘 채로, 빌라 입구로 들어오는 계단에서 흩어지는 눈을 모으고 있었다. '눈사람은 눈덩이를 굴려서 만들어야 하는데 저렇게 모아서 언제 만드나' 하는 생각이 들었다. 하지만 이미 제작은 진행중이었다. 계단 양끝에는 아이가 올라오면서부터 만든 작은 동자상 같은 눈사람이 둘씩 마주보고 서 있었다. 아이는 입김을 뿜으며 열심히 각 계단의 눈을 양쪽으로 모아서 두 손으로 주물러 다진 후에 조금 더 작게 주무른 머리를 얹어 '꼬마 중에서도 꼬마' 눈사람의 행렬을 만들고 있었다.

"장호야, 뭐하니?"

보면 모르나, 눈사람 만들지. 바보 같은 엄마의 바보 같은 질문이었지만 이 우문이 없었다면 아이의 기막힌 대답을 들을 수 없었을 것이기에 결과적으로 기막힌 질문이 되고 말았다.

"눈사람 만들어요. 눈이 부서져서 굴릴 순 없고 이렇게 모아서 만드는 거예요. 여기 사시는 분들, 집에 들어갈 때 보고 기분좋으라고요."

내 아이지만 정말 가슴 깊이 감동을 받았다. 얘가 진정한 예술의 의미를 이야기하는구나 싶었다. 신선한 충격을 주는 작품들만 난무하고 수용자를 위무하고 즐겁게 해주는 작품이 많지 않았던 그즈음의 전시 공간에서 나는 어쩌면 세상에 자신의 작품을 내놓는 자의 따뜻한 친절함이 그해 겨울 눈보다 더욱 그리웠던 것 같다. 예술가 정신의 소중한 면을 다시 한번 생각해보게 한 아이의 답변은 엄마의 우문이 끌어낸 것이었다.

앞서 얘기했던 후배는 유학에서 돌아온 직후 치열한 작업을 하고 있는 이 시대 한국 작가들의 작업실을 탐방하고 책을 펴냈다. 최근 코로나 시기에는 콜렉터들과 이메일 인터뷰를 진행해 책을 출간했다. 이 두 권의 책에는 따뜻하면서도 날카로운 질문과 가끔씩 등장하는 우문, 그리고 물어야 할 것을 물었을 때 나오는 놀랍고도 눈물겨운, 예술혼이 물씬 느껴지는 답변들이 교차한다. 예술 정신이 풍요롭게 전해지는 뜻밖의 훌륭한 답변은 인터뷰의 귀한 수확이다.

최근 인터뷰 형식을 거쳐 탄생한 다큐멘터리가 세간의 화제이다. '아름다운 사람'을 기억하며 100여 명의 인터뷰이가 인터뷰에 응했다. '학전과 뒷것 김민기'에서 이용된 인터뷰는 구체적 질문보다는 '그 사람에 대한 그 어떤 것이라도'라는 넓은 화두를 던져서 나온 답변의 낟알들을 정성스레 주워서 잘 만들어진 인터뷰의 예이다.

KEY 빛나는 인터뷰를 위한 방법

인터뷰를 어렵게 생각지 말고 당당한 태도를 유지한다.

준비를 철저히 한다. 질문을 미리 뽑아 답변서를 작성해본다.

예상 밖의 질문이 던져졌을 때 관련성 있는 이야기를 물고 나와 연결한다.

자신만이 답할 수 있는 이야기를 준비하고 직접적으로 묻지 않더라도 자연스

럽게 말머리를 돌려 들려주고 싶은 이야기를 한다.

강을 건너, 그에게로 닿는 방편에 대한 이야기

화광동진의 어구가 유래한 노자의 『도덕경』 56장은 이렇게 시작한다.

> 知者不言 言者不知
>
> (지자불언 언자불지, 아는 사람은 말하지 않고 말하는 사람은 알지 못한다)

참으로 아는 사람은 그 앎에 대해 말하지 않으니, 앎에 대해 말하는 사람은 진정 아는 사람이 아니라는 뜻으로 새긴다고 한다. 하지만 나는 '나의 앎을 글로 쓰지 못하면 진정한 앎이라 할 수 없고 글로 쓴 앎을 쉽게 말할 수 없으면 그 또한 진정으로 아는 것이라 할 수 없다'고 생각해왔다. 앎과 말의 관계를 논할 때, '말할 수 있어야 진정으로 아는 것'이라고 여겼던 것이다.

노자의 뜻을 따르자면 나는 형편없는 사람일 수 있겠다. 턱없이 조금 아는 것을 타인들에게 알리겠다고 글로 써내려갔으니 진정 아는 사람이 아닐 수도 있겠다.

나룻배를 저어 강을 건넜으면 그 나룻배는 버리고 묵묵히 걸음을 옮기는 것이 지당한 일이다. 배는 강을 건너는 방편이지 길을 떠나는 목적이 될 수 없다. 우리의 말도 그와 같다. 말이란, 타인에게 닿기 위해, 소통을 통해 무언가를 공유하고 내 앎을 검증하고 진리를 탐구하기 위해 존재하는 것이다. 말로써 가닿고자 하는 경지가 '저쪽 강기슭'이라는 목적지라면, 말은 이에 도달하기 위한 수단인 것이다.

이 책은 그 강을 건너는 방편에 대한 이야기이다. 강을 건넜으면 나룻배의 삿대와 노를 편안하게 내려놓고 조용히 걸음을 옮기면 된다. 말의 노를 젓는 방법에 대해 곰곰이 따지고 훈련해본 다음에는 그 방편에 대한 생각은 버리고 또다시 본질이라는 목적지를 향해 길을 떠나면 되는 것이다. 진정으로 알기 위해 스스로 말하며 깨닫고 나면 이젠 겸손히 침묵할 줄 알아야 할 것이다.

교정을 위해 글을 다시 읽으며 부족한 부분이 눈에 띄었다. 말하기의 본질을 너무 추상적으로 전달하지는 않았나 염려되기도 한다. 말의 본질에 대한 성찰이 차근차근 나 자신과 사회를 나아지게 할 것이라는 믿음으로 이 글을 썼다. 부족한 부분이 눈에 띄지만 내가 아는 작은 것들을 최선을 다해 전했으니, 이제 그 또한 말의 일부인 침묵과 경청으로 돌아가 독자들이 전해올 말을 기다린다. 날씨 이야기하기에 참으로 적절한 아름다운 계절이다.

2013학년도 1학기 〈말하기〉 강의 계획서

1. 강의 목적

인간의 보편적 커뮤니케이션 수단인 '말하기'는 누구나 하는 것이기에 쉽다고 생각하지만 정작 말하기가 늘 편안하고 흡족하다는 사람을 우리는 주변에서 잘 만나지 못한다. 무엇이 우리로 하여금 말하기를 불편하게 하며 우리 내면의 생각과 감정을 타인과 제대로 소통하지 못하게 하는지 생각해본다.

말하기 이전에 전제되어야 할 자신과의 소통이 미비한 것은 아닌가? 정상적인 긴장 및 불안 증상을 심각하게 과장하여 자각하지는 않았나? 타인에 대한 관심과 경청의 자세가 부족하지는 않은가? 등 말하기를 어렵게 만드는 이유들을 숙고하는 것은 말하기의 1단계이다. 2단계는 바른 발성과 기본적인 언어 훈련을 거쳐 형식을 갖춘다.

다음 3단계는 분야별 말하기의 방법과 기본 요소를 배우고 실전훈련을 함으로써 자신의 내면을 효율적으로 드러낼 수 있게 한다. 4단계에서는 사회로 나온 개인의 말들이 주장되고, 설득되고, 조율되는 토론 및 토의 훈련을 한다. 개인은 비로소 제대로 말하고 제대로 듣는 진정한 커뮤니케이터의 모습을 갖추고, 그러한 개인들이 모여 소통하는 사회는 건강하고 효율적인 기틀을 갖춘다.

2. 강의 방법

대부분 실습과 상호평가의 시간으로 이루어진다.

예를 들어 자기소개 스피치를 배운 다음 시간까지 스피치를 준비해와 수업 중 실연하고 동료들과 선생님의 평가를 받는다. 평가는 항목이 주어지며 타인의 말하기를 경청하며 평가해보는 경험은 자신의 말하기를 향상시키는 길이 된다. 한 주일의 수업 중 1, 2교시는 실습으로, 3교시는 새로운 말하기 이론 수업으로 구성된다.

3. 강의 평가

수업 중 상호평가가 성적의 큰 부분을 차지한다. 동료들이 평가한 점수의 평균과 선생님이 평가한 점수를 평균낸 점수가 자신의 실습 점수가 된다.

자기소개 스피치 10%

정보 스피치 20%

설득 스피치 10%

토론 30%

출석 10%

기말고사 20%

4. 강의 계획

1주　말하기 교육의 목적, 강의 계획

2주　이론: 커뮤니케이션 유형과 구성요소, 소통에서의 자아

　　　과제: 자신의 말하기 불안요인 분석해오기

3주　실습: 각자의 말하기 불안 분석 교환

　　　이론: 말하기 불안의 극복과 듣기, 발성, 언어 훈련

　　　과제: 발성, 낭독 연습

4주　실습: 발성, 낭독

　　　이론: 자기소개 스피치

　　　과제: 자신을 소개하는 3분 스피치 원고 쓰고 말하기 연습

5주　실습: 자기소개 스피치

　　　이론: 정보 스피치

　　　과제: 2~3명씩 조를 이뤄 한 주제를 깊이 있게 논의하고,

　　　조별로 10분 정도의 정보 스피치를 준비하고 발표 연습

6주　실습: 정보 스피치

7주　실습: 정보 스피치 계속

부록

이론: 설득 스피치

과제: 동료들을 설득하고자 하는 주제를 선정해 3분의 설득 스피치 준비

8주 실습: 설득 스피치

과제: 『수사학』 읽고 토론 준비

9주 실습: 수사학 토론

10주 이론: 토론—CEDA 방식, 혹은 국회식 토론 방식을 중심으로

과제: 구성된 토론 조(4인 1조)별로 찬반 나누어 형식을 갖춘 토론 준비

플로 차트 먼저 게시판에 올리고 이를 바탕으로 실전 연습

11주 실습: 토론 1~3조

12주 실습: 토론 4~6조

13주 실습: 토론 7조

이론: 토의

과제: 같은 주제로 토론했던 조끼리 모여, 반박하지 못했던 부분이나 설득된 부분을 중심으로 합의를 도출하고 건강한 결론을 내려보는 연습

14주 실습: 토의 1~7조

이론: 내레이션

과제: 내레이션 원고 작성, 낭독 연습

15주 실습: 내레이션

종강

교재

Joseph A. DeVito, *Human Communication*, Boston: Pearson Education, 2003.

Suzanne Osborn & Michael T. Motley, *Improving Communication*, Boston: Houghton Mifflin Company, 1999.

William J. Seiler & Melissa L. Beall, *Communication-making Connections*, Boston: Pearson Education, 2005.

강태완 외,『토론의 방법』, 커뮤니케이션북스, 2001.

박성창,『수사학』, 문학과지성사, 2000.

임태섭,『스피치 커뮤니케이션』, 연암사, 2003.

참고문헌

Jo Sprague & Douglas Stuart, *The Speaker? Handbook* (Orlando: Harcourt Brace, 1996)

Sharon Crowley & Debra Hawhee, *Ancient Rhetorics for Contemporary Students* (Boston: Pearson Education, 2004)

Stephen E. Lucas, *The Art of Public Speaking* (New York: McGraw-Hill, 2004)

KBS아나운서실 한국어연구회 편, 『아나운서 교본』, KBS문화사업단, 1991.

김상준, 『방송언어연구』, 커뮤니케이션북스, 1997.

김은성, 『마음을 사로잡는 파워스피치』, 위즈덤하우스, 2007.

나탈리 로저스, 『토크파워』, 강헌구 옮김, 한언, 2002.

유정아의 서울대 말하기 강의

더글러스 스톤 외, 『대화의 심리학』, 김영신 옮김, 21세기북스, 2003.

래리 킹, 『대화의 법칙』, 강서일 옮김, 청년정신, 2004.

로버트 치알디니, 『설득의 심리학』, 이현우 옮김, 21세기북스, 2002.

마뉴엘 카스텔, 『네트워크 사회의 도래』, 김묵한 옮김, 한울아카데미, 2003.

마샬 맥루한, 『구텐베르크 은하계』, 임상원 옮김, 커뮤니케이션북스, 2001.

박기순, 『대인커뮤니케이션』, 세영사, 1998.

백미숙, 『스피치 특강』, 커뮤니케이션북스, 2007.

쇼펜하우어, 『쇼펜하우어의 토론의 법칙』, 최성욱 옮김, 원앤원북스, 2003.

앤서니 웨스턴, 『논증의 기술』, 이보경 옮김, 필맥, 2004.

위르겐 아우구스트 알트, 『꼴통들도 고개를 끄덕이는 참토론』, 김태환 옮김, 뿌리와이파리, 2002.

이연택, 『이연택 교수의 토론의 기술』, 21세기북스, 2003.

전영우, 『스피치와 프레젠테이션』, 민지사, 2004.

캐서린 수 영 외, 『토론 연습』, 김진모·류한수 옮김, 한언, 2003.

케리 패터슨 외, 『결정적 순간의 대화』, 김원호 옮김, 시아출판사, 2003.

팔란티리2020, 『우리는 마이크로 소사이어티로 간다』, 웅진윙스, 2008.

피터 콜릿,『몸은 나보다 먼저 말한다』, 박태선 옮김, 청림출판, 2004.

하병학,『토론과 설득을 위한 우리들의 논리』, 철학과현실사, 2000.

휴 맥케이,『대화와 설득의 기술』, 김석원 옮김, 멘토, 2003.

유정아의 서울대 말하기 강의

초판 1쇄 발행　　2009년 6월 18일
개정판 1쇄 인쇄　　2024년 5월 30일
개정판 1쇄 발행　　2024년 6월 17일

지은이 유정아
책임편집 고아라 | 편집 김정희 이희연 염현숙
디자인 이혜진 | 저작권 박지영 형소진 최은진 서연주 오서영
마케팅 정민호 서지화 한민아 이민경 안남영 왕지경 정경주 김수인 김혜원 김하연 김예진
브랜딩 함유지 함근아 고보미 박민재 김희숙 박다솔 조다현 정승민 배진성
제작 강신은 김동욱 이순호 | 제작처 천광인쇄사

펴낸곳 (주)문학동네 | 펴낸이 김소영
출판등록 1993년 10월 22일 제2003-000045호
주소 10881 경기도 파주시 회동길 210
전자우편 editor@munhak.com | 대표전화 031)955-8888 | 팩스 031)955-8855
문의전화 031)955-3579(마케팅), 031)955-2697(편집)
문학동네카페 http://cafe.naver.com/mhdn
인스타그램 @munhakdongne | 트위터 @munhakdongne
북클럽문학동네 http://bookclubmunhak.com

ISBN 979-11-416-0005-1 (03320)

www.munhak.com